빠리인가 파리인가

외국어 한글 표기

빠리인가 파리인가

외국어 한글 표기

이은영·김미영 지음

경북대학교출판부

저자 소개

이은영은 프랑스 말소리에 매료되어 프랑스어와 인연을 맺고 경북대학교 인문대학 불문학과 교수로 재직 중이다. 특히 실험음성학 연구를 위해 수년간 프랑스 스트라스부르그대학교 음성실험실을 오가며 경북대학교에 음성실험실을 만들었고 현재 경북대학교 인문학술원 음성실험실을 책임지고 있다. 프랑스어 한글 표기에 불편을 느껴 오다가 국립국어원 국어심의회 위원을 역임하면서 외래어 표기법 전반에 대한 고민을 시작하게 되었다.

김미영은 경북대학교 불어불문학과와 동 대학원 박사과정을 수료하였다. 대학에서 프랑스어 및 외국인을 대상으로 한 한국어 강의를 맡았다. 국립국어원이 발주한 로마자 표기 위탁연구를 수행하면서 외국어 한글 표기에 관심을 갖게 되었다. 현재는 경북대학교 인문학술원 음성실험실 연구원으로 일하고 있다.

빠리인가 파리인가 외국어 한글 표기

찍은 날 2014년 10월 31일 | **펴낸 날** 2014년 11월 7일
지은이 이은영·김미영 | **펴낸이** 황석근 | **펴낸 곳** 경북대학교출판부
출판등록 1973년 10월 10일 ㉣97호
주소 대구광역시 북구 대학로 80 | **전화** 053-950-6741~3 | **팩스** 053-953-4692
이메일 press@knu.ac.kr | **홈페이지** http://knupress.com
ISBN 978-89-7180-412-4 93710

정가는 뒤표지에 있습니다.
파본은 바꾸어 드립니다.

이 책을 추천하며

국어 발전이란 자국어의 언어 생산 능력을 배양하는 동시에 외래어를 탄력성 있게 받아들이는 균형 잡힌 정책이 있어야 가능할 것이다. 현재 정책 부재라고 할 만한 우리나라의 외래어 정책에 대해 이 책은 문제점을 적시하면서 그 대안을 알차게 담아 내고 있다. 현재는 21개국 언어별 철자전사 방식을 만들어서 외국어인지 외래어인지 구분하지 않고 외국어를 그대로 수용하고 있기 때문에 모국어의 생태 환경은 실로 매우 위험한 국면이다. 저자는 외래어와 외국어를 구분하고, 외래어가 아닌 외국어를 표기 대상으로 삼아, 발음전사 방식을 전면 채택하자고 제안하고 있다.

사실 현행 〈외래어 표기법〉은 외국어마다 다른 철자전사 방법을 제공하고 있어서 너무 난해하고 복잡해서 전문가도 그 원리를 쉽게 이해하기 힘든 형편이다. 이 책의 저자는 프랑스어 전공자이지만 그동안 실험음성학과 음성음운학 분야에서 수십 년 동안 연구해 온 전문가로서 '프랑스어 한글 표기 사례'를 조사하고 시대별 사용자 층위에 따른 표기 차이를 밝혀 내어 잦은 규정 개정으로 인한 한글 표기의 불일치 실태를 잘 지적하고 있다. '외래어가 아닌 외국어 표기 지침을 만들자', '소리 중심의 원산지음을 그대로 표기하자', '외국어 본래 음절 수를 존중하자', '쌍방향 전환 가능한 외국어 한글 표기 시스템을 개발하자'는 실질적인 대안을 제시하고 있어 어느 한 구절도 건너뛸 수 없는 이야기로 가득 차 있다.

당면한 문제와 다음 세대를 위한 우리의 역할에 대한 저자의 인식은 옳고 정당하며, 이를 바탕으로 공론의 장이 마련되어야 한다는 주장에 적극 동의한다. 이 책에는 한국어 발전을 위해 외래어 표기법이 가야 할 길과 외국어 표기 지침 마련에 대한 미래지향적인 대안이 분명하게 드러나 있으므로, 국어 정책을 입안하는 분들이나 정책담당 관료들은 저자의 제안을 꼭 귀담아 들어야 할 것이며, 이 책이 대한민국 어문정책의 물굽이를 새롭게 이끄는 결정적인 역할을 하게 되리라 믿는다.

2014년 가을

이상규

경북대 국어국문학과 교수
전 국립국어원장

머리말

누구나 한 번쯤은 외국어를 한글로 표기하려다 고민에 빠져 본 적이 있을 것이다. 이는 특히 외국어 전공자에게는 흔한 고민거리이지만, 딱히 해결방안이 없어서 자신에게 익숙한 표기를 적당히 쓰게 된다. 필자는 오래전부터 프랑스어 한글 표기 방식의 문제점을 인식하고 언젠가는 공론화해야 한다는 생각을 갖고 있었다. 흔한 예로 'Paris'의 경우에도 프랑스어에 가장 가까운 표기인 '빠리'가 아니라 '파리'를 표기 규범으로 정하고 있는 이유를 알 수가 없었다. 그러던 중 국립국어원 심의위원으로 어문규정을 검토하면서 외래어 표기법에 관심을 갖게 되었다. 그러면서 현행 외래어 표기법의 문제점이 언뜻 보기에 사소한 것 같지만, 그대로 둔다면 앞으로 큰 국가적 손실을 초래하게 될 수 있겠다는 생각까지 들었다. 이에 우선 인접한 문제인 프랑스어 한글 표기에 관한 연구부터 시작하게 되었다.

한편으로는 국립국어원이 발주한 '로마자 표기에 대한 외국인 발음 분석' 용역사업을 경북대학교 음성실험실에서 맡아 추진하게 되었는데, 외국인들의 사용언어에 따라 로마자 발음이 너무나 다양하게 나와 정리에 어려움을 겪으면서 현행 로마자 표기법이 다양한 언어 사용자의 입장을 충분히 고려하지 않았다는 생각이 들었다. 그중 중요한 문제를 두 가지만 들자면, 다언어 사회인 지구촌에서 사용될 로마자 표기는 영어식 표기에 편향되어서는 안 되고 좀 더 근원적인 상위언어에 뿌리를 두어야 한다는 점과, 음표기와 철자표기가 뒤섞여 있는 현행 표기법을 음표기 원칙에 따라 기술하여야 한다는 점이다. 한국인들도 한글 쓰기 방법을 익히기 위해 초등학교 저학년 국어시간을 상당히 할애해야 할 정도로 한글 맞춤법이 까다롭다. 더구나 한국어를 모르는 외국인에게 음표기 이상의 이해력을 요구할 수는 없는 일 아닌가? 따라서 세계의 정보가 실시간으로 넘나드는 초고속 정보화 사회에서는 한글 로마자 표기 문제도 외국어 한글 표기 문제만큼이나 중요하며, 또한 양자 간에 연계성까지도 고려해야 할 필요가 있다고 본다.

더욱이 미래세대를 교육하는 교과서에 현재의 규정이 적용되도록 수수방관할 수는 없는 일이다. 하지만 한 개인의 생각과 열의만으로 이 문제를 해결할 수는 없고, 관련기관과 객관적 시각을 지닌 한국어·외국어 전공자들이 뜻을 모아 머리를 맞대고 공동연구를 위한 기본원칙을 마련해야 한다. 따라서 공통의 틀과 원칙을 세우기 위한 문제 제기 차원에서 선제연구가 필요하였다.

제1부에서는 한글 표기 원칙을 구성함에 있어 모든 외국어에 공통으로 해당되면서 핵심이 될 만한 주제를 제시하였다. 전문가가 아니더라도 외국어를 한글로 표기하는 문제를 고민하는 사람이면 누구나 참여하는 공론의 장을 마련하고 담론을 이어 갈 수 있도록 아주 쉽고 간결하게 이야기를 풀어 놓았다. 제2부에서는 앞에서 언급

한 기본 원칙을 각 개별언어에 구체적으로 적용해 보기 위해, 우선 프랑스어 한글 표기에서 문제가 되고 있는 실제 사례들을 예로 들어 기술하였다. 제3부에서는 다른 외국어 전공자들과의 공동연구 작업 시 참고할 수 있도록 프랑스어 한글 표기 불일치 문제를 다룬 사용자 설문조사, 결과 분석, 도식화한 자료들을 정리해서 실었다.

언어는 마치 살아 있는 생명체 같아서 역동적이고 가변적이면서도 습관적이다. 그만큼 고착된 관성에서 벗어나려면 상당히 많은 시간이 필요하다. 그런데 지금까지의 국가정책을 보면 개정된 규정을 공포하기만 하면 바로 쉽게 바꿔 쓸 수 있을 거라고 생각했던 것 같다. 초등학생이라면 몰라도 이미 학교교육이 끝나고 습관이 몸에 밴 어른들은 웬만큼 강도 높은 훈련을 거치지 않으면 기존에 사용하던 표기법을 바꾸기가 쉽지 않다. 그 증거로 그동안 수차례 개정 공포된 규정이 사용자의 공감을 얻지 못하고 지금까지 외래어 표기 불일치 현상이 계속되어 오고 있지 않은가. 표기법 논란을 잠재우기 위해 단기적 처방만 할 것이 아니라 문제의 본질을 조감하는 시각에서 접근한다면 해결의 실마리는 분명 찾을 수 있다고 본다. 이 책이 앞으로 외래어·외국어 표기와 관련된 정책 입안에 조금이나마 도움이 되기를 바란다.

2014년 가을 복현골에서

이은영·김미영

목차

01.

외국어 한글 표기에 대한 제언

세계 속의 한국

국가가 정해 놓은 외래어 표기법이 있는데 '외국어 한글 표기' 이야기를 꺼내기가 쉽지는 않았다. 또한 기존 외래어 표기법에 익숙한 사용자들의 혼란도 염려스럽다. 그러면서도 문제 제기를 하지 않을 수 없는 이유는, 불과 30여 년이란 시간이 흐르는 동안 우리가 처한 환경이 너무나 달라졌기 때문이다. 예전에는 외국어 어휘를 들여오려면 외래어라는 꼬리표를 달아 한국어 음운규칙에 따른 변화과정을 거쳐서 사용토록 하는 데 상당한 시간적 여유가 있었다. 그러나 현재는 외국어휘가 실시간으로 대량 유입되는 환경으로 바뀌었다. 80년대부터 시작된 민주화 운동, 해외여행 자유화, 88올림픽 이후 잦은 세계대회 개최, 빠른 인터넷 보급, 정보망 구축, 글로벌시대 도래, 외국인의 급격한 유입, 무역규모 세계 10위권 내 진입 등, 급격한 변화로 인해 외국 어휘 사용이 증가하였다. 따라서 우리는 새로 들어온 국가명, 지명, 인명, 전문용어, 상품 브랜드 등 생소한 외국어를 신속하게 한글로 표기해야 하는 상황에 처하게 되었다.

현재 세계적으로 한국어 사용자 총 인구수는 2014년 4월 30일 기준으로 77,200,000여 명(세계 13위)이라고 한다. 한편 인터넷 사용 인구수는 한국어 사용자가 37,500,000여 명(세계 10위)이고, 2009년도 한 해 동안 한국어능력시험(KLPT) 응시자 수는 120,000여 명(합격자 90,000여 명)에 달할 정도로 국제화 수준이 급속하게 높아졌다. 한류 덕분에 전 세계 한국어 교육기관도 2,177개로 늘어났고, 한국어 교재도 3,399권이나 발간되었으며, 외국인 한국어 이수자도 251,136명이나 된다니 놀라울 따름이다.[1]

예전과 달리 외국어를 우리식 외래어로 다시 만들어 내는 일이 더 이상 불가능해진 국제화 시대에 촌각을 다투어야 하는 언론매체들은 난처한 입장에 처하게 되었다. 언론매체는 외국어 표기 문제를 자체적으로 해결하기 위해 궁여지책으로 언론외래어심의공동위원회를 구성하여 대안을 마련하였지만 개인 사용자들은 각자 알아서 처리할 수밖에 없었다. 그 결과 외래어 표기규범 따로, 언론매체 표기방식 따로, 거기에 사용자들의 개인적인 표기 차이까지 더해지면서 서로 다른 표기법으로 인해 혼란이 점차 가중되었다. 더구나 이러한 당장의 불편함 이외에 앞으로 생각지도 못할 더 큰 문제에 처하게 될 수도 있다는 점이 우려스럽다. 세계는 자동화된 하나의 정보망으로 실시간 소통되고 있고, 음성인식합성, 문자 → 말 변환(TTS),[2] 말 → 문자 변환(STT)[3] 등 IT 분야의 발달로 인해 제품 상용화 시 외국어 표기문제 해결이 필수적이고도 시급한 환경이 되었기 때문이다.

앞으로 처하게 될 문제 한 가지를 더 언급해 보자. 지금까지 우리는 외래어 표기법과 로마자 표기법을 따로 두고 외국어를 한글로 표

1 국립국어원 '숫자로 살펴보는 우리말 2010'(http://news.korean.go.kr/online/Klnumber/) 웹페이지 참조

2 Text to Speech

3 Speech to Text

기하는 기준과 한국어를 로마자로 표기하는 기준을 별개 사안으로 다루어 왔다. 그러나 이제부터는 양방향 전환문제까지도 동일선상에 놓고 해법을 고민해야 할 때라고 생각한다. 왜냐하면 인적·물적 자원의 수출, K-pop 등 한류로 표현되는 한국문화 수출이 외국어의 유입만큼이나 한국어 해외방출 비중을 높여 놓았기 때문이다. 다시 말해서 외국어 ⇄ 한글, 한국어 ⇄ 로마자, 양방향 변환문제를 동일한 기준에 따라 적용할 수 있도록 연구범주에 함께 포함시켜, 변환 후 다시 환원되더라도 가능한 한 원형에 가깝게 복원될 수 있도록 양쪽 다 표준화된 표기 지침을 새로 구축해야 한다. 언어 간 음소체계가 달라 일대일 대응관계 설정이 쉽지는 않으나, 음성 환경에 따른 표기 선택 지원 프로그램을 마련해서라도 외국어 ⇄ 한글, 한국어 ⇄ 로마자 표기에 대한 표준화를 이루어 놓지 않으면 앞으로 그에 따른 혼란 비용을 얼마만큼 지불하게 될지 예측하기 힘들다.

한글

한글은 세계인들이 한국을 재인식하도록 해 주는 중요한 요소 중 하나이다. 세종대왕의 훈민정음은 구성원리, 제작과정, 창제일자가 역사의 기록으로 남아 있는 세계에서 유일한 문자이고, 과학적으로 구조화된 표음문자로 우수성을 높이 평가받고 있다. 최근에 와서는 한글날이 지구상에서 단 하나밖에 없는 언어관련 기념일로 주목을 받고 있다. 또한 한글의 창제정신은 크게는 우주와 음양 이론에서부터 작게는 사람의 발성기관에 이르기까지 인간을 중심으로 한 인본주의와 애민주의를 기반으로 삼고 있고, 한글의 형태는 인간이 말하는 모든 소리, 즉 한국어뿐만 아니라 다른 언어를 표기하기에도 수월한 기호로 구성되어 있다.

한글이 얼마나 과학적이고 기능적이며 높은 잠재성을 지닌 문자인지 보여 주기 위해 한글의 조합 가능성을 한눈에 파악할 수 있는 도표가 있다. 한글 조합 행렬표는 한글을 구성하는 자음(C) 철자 19개, 모음(V) 철자 21개가 CV결합 형태의 음절구조에서 어떻게 조합되는지를 한눈에 보여 준다. 실제 한국어의 음절구조는 네 가지, 즉 CV, CVC, VC, V구조이므로 실제 사용하고 있는 조합에 잠재적인 조합까지 합친다면 표음문자로써 한글의 표기역량은 가히 독보적이라 할 수 있다. CV구조에서 가능한 조합만 보더라도 총 399개가 있고 그 가운데 300여 개가 현재 사용되고 있다. 나머지는 고어나 방언, 북한어에 쓰이거나, 아직은 사용된 적이 없는 잠재적인 경우에 해당한다.

『훈민정음』 해례본이 세계기록문화유산에 등재되고 국제연합 세계지식재산권기구에서 공식적으로 국제 언어로 채택할 정도로 세계가 인정하는 우수한 문자가 바로 한글이다. 하지만 우리나라 안에서 한국어가 아닌 외국어 음을 한글로 표기하려면 이야기가 달라진다. 한글 조합 행렬표에서 확인할 수 있는 것처럼 한글은 우수한 음

표기 능력을 가졌으나 현행 외래어 표기법이 그 역량을 억압하고 있다. 특히 영어보다 프랑스어를 한글로 표기할 때 훨씬 더 고민스럽다. 예를 들어 'atelier'는 프랑스어에서 차용된 어휘인데도, 프랑스어 음표기를 따르는 '아뜰리에'는 틀렸고 영어 음표기를 따르는 '아틀리에'가 올바른 표기라고 강요하고 있다. 마치 우리의 '김치'를 다른 나라에서 'Kimchi'가 아닌 'Kimuchi'로 표기해야 한다고 공식적으로 주장하는 것과 다를 바 없지 않은가. 외래어 가운데 영어 표기보다 프랑스어 표기가 더 거북한 이유는 수차례 개정을 거치면서도 이러한 문제점이 여전히 개선되지 못하고 있기 때문이다. 가장 큰 문제는 외래어 표기법에 남아 있는 영어 중심 사고에서 비롯된 표기 규정과 국어 음운현상에 따른 표기법이다. 더구나 그동안 논란이 되어 왔고 이제는 범주조차 정하기 어려워진 '외래어'라는 용어도 혼란에 한몫을 더하고 있다. 더 이상 외래어 표기법 규정으로 외국어 표기까지 규제할 수 없으므로 외래어 표기법은 용도 폐기되어야 할 때가 왔다고 본다.[4] 이제 관성에 의해 답습해 온 편견에서 벗어나 완전히 새로운 관점에서 다양한 외국어를 어떻게 표기할 것인가를 논의해야 한다.

근래에 와서는 언어학자가 아닌 여러 분야의 종사자들도 외래어 표기법 개선을 위해 기존 한글자모에 부족한 기호를 추가하거나 기존 형태를 변형시켜 1음소 1기호 대응이 되도록 하는 등 구체적인

4 『표준국어대사전』에 수록된 총 510,000여 개 단어 중 외래어의 비중은 5.4%이다. 국립국어원 '숫자로 살펴보는 우리말 2010'(http://news.korean.go.kr/online/Klnumber/) 웹페이지 참조

한글 조합 행렬표

자음＼모음	ㅏ[a]	ㅑ[ja]	ㅓ[ə]	ㅕ[jə]	ㅗ[o]	ㅛ[jo]	ㅜ[u]	ㅠ[ju]	ㅡ[ɨ]	ㅣ[i]
ㅇ[/ŋ]	아	야	어	여	오	요	우	유	으	이
ㄱ[g/k]	가	갸	거	겨	고	교	구	규	그	기
ㄴ[n]	나	냐	너	녀	노	뇨	누	뉴	느	니
ㄷ[d/t]	다	댜	더	뎌	도	됴	두	듀	드	디
ㄹ[l/r]	라	랴	러	려	로	료	루	류	르	리
ㅁ[m]	마	먀	머	며	모	묘	무	뮤	므	미
ㅂ[b/p]	바	뱌	버	벼	보	뵤	부	뷰	브	비
ㅅ[s]	사	샤	서	셔	소	쇼	수	슈	스	시
ㅈ[c]	자	쟈	저	져	조	죠	주	쥬	즈	지
ㅎ[h]	하	햐	허	혀	호	효	후	휴	흐	히
ㅊ[c^h]	차	챠	처	쳐	초	쵸	추	츄	츠	치
ㅋ[k^h]	카	캬	커	켜	코	쿄	쿠	큐	크	키
ㅌ[t^h]	타	탸	터	텨	토	툐	투	튜	트	티
ㅍ[p^h]	파	퍄	퍼	펴	포	표	푸	퓨	프	피
ㄲ[k’]	까	꺄	꺼	껴	꼬	꾜	꾸	뀨	끄	끼
ㄸ[t’]	따	땨	떠	뗘	또	뚀	뚜	뜌	뜨	띠
ㅃ[p’]	빠	뺘	뻐	뼈	뽀	뾰	뿌	쀼	쁘	삐
ㅆ[s’]	싸	쌰	써	쎠	쏘	쑈	쑤	쓔	쓰	씨
ㅉ[c’]	짜	쨔	쩌	쪄	쪼	쬬	쭈	쮸	쯔	찌

ㅐ[ɛ]	ㅒ[jɛ]	ㅔ[e]	ㅖ[je]	ㅘ[wa]	ㅙ[wɛ]	ㅚ[ø]	ㅝ[wə]	ㅞ[we]	ㅟ[wi]	ㅢ[ɨj]
애	얘	에	예	와	왜	외	워	웨	위	의
개	걔	게	계	과	괘	괴	궈	궤	귀	긔
내	냬	네	녜	놔	놰	뇌	눠	눼	뉘	늬
대	댸	데	뎨	돠	돼	되	둬	뒈	뒤	듸
래	럐	레	례	롸	뢔	뢰	뤄	뤠	뤼	릐
매	먜	메	몌	뫄	뫠	뫼	뭐	뭬	뮈	믜
배	뱨	베	볘	봐	봬	뵈	붜	붸	뷔	븨
새	섀	세	셰	솨	쇄	쇠	숴	쉐	쉬	싀
재	쟤	제	졔	좌	좨	죄	줘	줴	쥐	즤
해	햬	헤	혜	화	홰	회	훠	훼	휘	희
채	챼	체	쳬	촤	쵀	최	춰	췌	취	츼
캐	컈	케	켸	콰	쾌	쾨	쿼	퀘	퀴	킈
태	턔	테	톄	톼	퇘	퇴	퉈	퉤	튀	틔
패	퍠	페	폐	퐈	퐤	푀	풔	풰	퓌	픠
깨	꺠	께	꼐	꽈	꽤	꾀	꿔	꿰	뀌	끠
때	떄	떼	뗴	똬	뙈	뙤	뚸	뛔	뛰	띄
빼	뺴	뻬	뼤	뽜	뽸	뾔	뿨	쀄	쀠	쁴
쌔	썌	쎄	쎼	쏴	쐐	쐬	쒀	쒜	쒸	씌
째	쨰	쩨	쪠	쫘	쫴	쬐	쭤	쮀	쮜	쯰

방안까지 제시하고 있다. 한글에 대한 애정과 좋은 아이디어를 제공하려는 순수한 마음은 가치 있는 일이지만, 다음 두 가지 점에서 신중을 기해야 할 것이다. 첫째, 새로운 한글 자모를 추가하거나 형태를 바꾸는 문제는 간단한 수정이 아니라 한글체계 자체를 바꾸는 작업이므로 여러 측면에서 숙고해야 할 중대 사안이다. 둘째, 아무리 불완전한 규정이라 하더라도 이미 습관이 되어 있는 기존 외래어 표기법을 당장 바꾼다면 현재 사용자들은 큰 부담을 안게 된다. 따라서 외국어 표기문제는 다각도에서 신중하게 논의해야 하고 변경이 부득이한 경우에는 혼란을 최소화할 수 있는 방안이 무엇인지도 반드시 함께 고려해야 한다.

표음문자 한글

한글은 이미 잘 알고 있는 바와 같이 표음문자이고, 인간의 말소리를 표기하기에 어느 문자보다 수월하다. 그런데도 지금까지 외래어 표기 상황을 보면 이러한 사실이 무색해진다. 간단한 예로 'Paris'의 표기 하나만 보더라도 그리 수월하지 않았음을 알 수 있다. 외래어 표기법의 변화를 보면 1940년 안은 '파리', 1948년 안은 '빠리', 1963년 안은 '파리', 1969년 안은 '빠리', 1986년 안은 '파리'이다. 이처럼 계속 교대로 바뀌어서 지금까지 '파리'를 고집하고 있다. 그 이유는 무엇일까? 70년 이상의 시간이 흐르는 동안 과연 깊이 있는 연구와 종합적인 통찰력에 따른 원칙 수립의 노력이 있었는지 묻고 싶다. 물론 그때의 시대적 상황, 시대에 따라 변한 사용자의 학습내용과 관습, 당시 언어정책 담당자의 역할 등도 이유 중 하나일 것이다. 말소리 표기 도구로써 가장 훌륭하다고 평가받는 한글을 사용하는 우리가 왜 외국어의 소리 표기 문제로 끊임없이 논쟁하는지, 왜 외국어를 국어 음운현상에 따라 표기하고 발음하려고 하는지 묻는 말에 누가 답할 수 있을까? 우리나라의 미래를 생각한다면 '아울렛'처럼 우리 식의 음운현상을 거친 인위적인 외래어 표기법을 고수하려고 애쓸 것이 아니라, 하루빨리 외국어를 들리는 대로 음표기할 수 있게 허용해야 한다. 이런 이야기를 하자니 문득 1999년 온 나라를 떠들썩하게 했던 '옷로비' 사건을 보도한 한 취재기자의 우스꽝스러운 발음 '올로비'가 떠오른다. 언젠가는 라디오뉴스에서 '원룸'을 '월룸'으로, '핫라인'을 '할라인'이라고 말해 혼자 웃었던 적도 있다. '올로비', '월룸', '할라인'은 이상하고 '아울렛'은 괜찮은가? 그래도 '아울렛'이 옳다고 주장하려면 '올로비', '월룸', '할라인'도 자연스럽게 수용해야 한다.

그럼 '아울렛'의 대안을 생각해 보자. '아웃렛'인가, '아욷렡'인가? 대부분은 이미 익숙한 '아웃렛'을 선택할 수 있겠지만 해당 외국어로의 환원 문제까지 고려한다면 보다 신중하게 생각해야 한다. 만일 한국어 음운현상인 7종성제약[5]에 따른 표기를 하지 않아도 된다면 '아욷렡'으

5 외래어 표기법 제3항 "받침에는 'ㄱ, ㄴ, ㄹ, ㅁ, ㅂ, ㅅ, ㅇ'만을 적는다."

로 표기하는 쪽이 원래의 외국어로 환원할 때 훨씬 유리하다.[6]

우리는 이 문제에 대한 공동의 논의와 연구를 제안한다. 이때 가장 중요한 원칙은 현행 외래어 표기법과 국어음운현상에 대한 미련을 완전히 버리고 오로지 음표기를 위해 외국어 발음과 한글 표기에만 초점을 맞춰서 최적화된 연결 작업을 해야 한다. 소리와 기호 간에 적합한 짝짓기를 하려면 기술적인 면에서는 최대한 간결성을, 생산적인 면에서는 최고의 효율성을 견지하면서 면밀하고도 객관적인 연구를 추진해야 한다. 즉 우리 연구의 지향점은 사용자가 최소한의 원칙을 숙지한 후 들리는 소리를 그대로 음표기함에 있어 자연스럽게 공감하고 쉽게 실행에 옮길 수 있도록 하려는 것이다. 이것은 지금까지의 외래어 표기법이 아닌 새로운 외국어 표기 지침의 가장 중요한 핵심 원칙[7]이다.

그것이 과연 가능할까? 한글이라면 가능하다. 실제 사례를 들어보자. 필자가 프랑스에 있을 때 동료 프랑스인 교수와 학생에게 한글의 자모음 표기와 음가, 그리고 음절구성과 표기방법을 30분 정도 설명해 주고, 별도로 연습할 시간은 거의 주지 않고서 프랑스어 발음을 한글로 적도록 해 본 적이 있다. 그 과정에서 두 가지 사실을

6 "『어제훈민정음(御製訓民正音)』에는 분명히 다음과 같이 적혀 있다. '終聲復用初聲(종성부용초성), 즉 모든 끝소리는 첫소리를 다시 사용한다.'라고 분명히 밝혀 놓아서 17개의 첫소리는 물론이고 모든 합용병서(合用竝書)된 끝소리도 사용할 수 있도록 하고 있음에도 불구하고 여기에서는 끝소리는 7개만으로 쓰도록 규제하고 있다."
최성철(2013), '외래어 표기법을 폐기해야 하는 이유'(http://plaza.chol.com '나도한마디' 게시판 42802번 게시글 참조)

7 81쪽 새 외국어 표기 지침을 세우기 위한 기본원칙 일곱 가지 참조

알게 되었다. 하나는 한글을 처음 배운 외국인도 비록 시간이 좀 걸리긴 하지만 소리와 연결되는 철자를 쉽게 찾을 수 있다는 점이다. 이들은 자신의 이름과 친구들 이름을 소리 나는 대로 한글로 적었고 자기가 아는 한국인의 이름도 쓸 수 있었다. 다른 하나는 철자 배열 방법에 관한 것이었는데 여기에서 미처 예상치 못했던 문제가 드러났다. 즉 가로로 나열만 하면 되는 영어 알파벳과는 달리 한글은 초성, 중성, 종성을 하나의 문자로 조립해야 하는데 이때 모음의 위치가 문제였다. 세로로 되어 있는 'ㅣ, ㅔ, ㅖ, ㅐ, ㅒ, ㅏ, ㅑ, ㅓ, ㅕ' 모음은 오른쪽에, 가로로 누운 'ㅗ, ㅛ, ㅜ, ㅠ, ㅡ' 모음은 아래에, 가로세로 양쪽을 다 가진 'ㅢ' 모음은 오른쪽과 아래에 걸쳐서 쓴다는 추가 설명을 하였더니 단번에 습득하였다. 그러나 '국민'과 '한국인'을 단어 단위로 들려주었더니 '궁민', '항구긴'으로 적었고, 한 음절씩 끊어서 들려주자 '국', '민', '한', '국', '인'으로 적었다. 프랑스인이 '궁민'이란 소리를 듣고 '국민'으로 쓸 수는 없지 않겠는가?

보통 사람들은 무의식적으로 말과 글이 같은 언어체계를 갖고 있다고 생각할 수 있겠지만 사실은 그렇지 않다. 또 흔히 모든 언어가 말과 글 양쪽 모두를 갖고 있는 것으로 알지만 지구상에 언어 6,900여 종 가운데 글을 가진 언어는 겨우 100여 종이다.[8] 즉 말은 글과는 독립된 별도의 체계를 갖고 있다. 따라서 외국어의 한글 표기는 마치

8 국립국어원 '숫자로 살펴보는 우리말 2010'(http://news.korean.go.kr/online/Klnumber/) 웹페이지 참조

IPA[9]를 사용하여 발음을 전사하듯 한글이라는 기호를 사용해 외국어를 소리 나는 대로 표기하는 단순한 작업이라야 한다. 또한 한국어의 말과 글 간에 나타나는 음운현상을 모두 고려하여 국어 맞춤법에 따라 표기해야 하는 한국어화 작업이 아님을 명심해야 한다.

세대 간 차이

앞에서 언급한 바와 같이 한글은 표음문자이므로 소리표기 원칙에 따라서 양방향 변환 문제까지 고려한다면 'outlet'은 '아울렛'이나 '아웃렛'이 아니라 '아웉렡'으로 표기되어야 마땅하다. 그렇다면 기존에 이미 보급되어 사용되어 온 '아울렛', '아웃렛'과 같은 외래어 표기는 어떻게 해야 하나? 만일 과도기적인 교체시기를 허용하지 않고 한꺼번에 획일화하려고 한다면 사용자의 거부감과 혼란을 피할 수 없을 것이다. 사실 아무리 노력해도 바꾸기 힘든 개인이나 집단이 있을 수 있으므로 이미 관습이 된 것을 억지로 바꾸는 일은 바람직하지 않다. 어느 정도 시간이 흘러 자연적으로 소멸되기를 기다려서 해소될 수 있는 문제라면 무리한 강요보다는 순차적으로 변화를 유도해 나가는 것이 바람직하다.

9 국제음성부호, International Phonetic Alphabet

물론 언어사용의 원천이 되는 한 가정 안에 말을 가르치는 조부모(60세 이상)와 부모(30세 이상), 말을 배우기 시작하는 자녀(3세 이상) 3대가 있을 경우 세대 전체에 걸쳐 공유되어 예전 형태가 유지될 수 있으므로 교정 기회를 마련해 주지 않고 시간의 흐름에만 의존해서는 곤란하다. 그러나 같은 세대끼리는 언어 유대관계가 더 강하게 형성되므로 공통의 교육과정을 거친다면 세대 내 동질성이 강화되면서 세대 간에는 차이가 나타나게 된다. 언어학에서 일반적으로 한 세대를 약 30년이라 말하는 이유도 여기에 있다.[10]

1933년에 발효된 『한글 맞춤법 통일안』 내에 하나의 조항으로써 외래어 표기법이 최초 거론된 이후 수많은 국어학자들의 연구와 노력으로 여러 차례 개정을 거치면서 새로운 규정들을 내놓았다. 그러나 사용자들의 세대별·학력별·계층별 차이가 뒤섞이면서 어느 한 시기도 외래어 표기법이 하나로 통일된 적 없이 80여 년이 지난 지금까지 논란이 계속되고 있다.[11] 그 결과 같은 시대를 살면서도 세대 간 서로 다른 표기법을 갖지 않을 수 없게 되었다. 지금까지 논란이 끊이지 않는 가장 큰 이유는 무엇일까? 그동안 말소리 표기 자체의 보편적 원리를 재정립하려 하지 않고 구체적 사안에만 매달려 기존 규정을 보수하는 정도에 머물렀고, 국어학 영역의 과제로만 인식하여 국어 맞춤법과 국어 음운현상 안에서 생각했기 때문인 것 같다.

10 100세를 바라보는 장수시대, 그리고 늦은 결혼과 출산으로 인해 미래에는 조부모(80세 이상), 부모(40세 이상), 아이(0세 이상), 이렇게 각 세대가 40여 년이 될 수도 있다.

11 55쪽 '외래어 표기법 개정 시기와 사용자 불일치 예', 86쪽 '기록물 조사결과 시대별 불일치 대조표' 참조

앞으로도 여전히 같은 혼란을 야기하게 될 현행 외래어 표기법은 이제 역할을 마감하도록 하고, 그 대신 새로운 관점, 즉 원산지음 표기 원칙의 외국어 표기 지침을 상정하자. 30~40년 정도의 과도기를 감안하면서 초등학교에서부터 새 외국어 표기 지침을 가르친다면 아무리 길어도 한 세대가 지난 뒤에는 안정된 규범으로 정착될 수 있지 않을까? 노인을 제외하면 거의 모든 국민이 중등과정 이상의 교육을 받고 있고, 고교 졸업자의 70% 이상이 대학에 진학하며,[12] 미디어와 인터넷이 일상생활에 깊숙이 들어와 있는 우리나라 현실에서는 외국어 발음이 곤란하거나 불가능하다는 이유로 반드시 한국어화된 발음으로 대체해야 할 필요는 없어졌다고 본다. 다양한 외국어 교육, 외국 여행, 현지 체류, 인터넷 미디어 환경 등으로 원산지 발음에 익숙해진 사용자들이 한국어화된 외래어 발음을 부자연스럽게 여기거나 세련되지 못한 이미지로 받아들이거나 때로는 말뜻을 이해하기조차 어려운 상황에 처하기도 한다.

후속세대 표기 지침

지금까지 외래어 표기법을 개정해 온 주체는 누구이고 누구를 위

12 고등학교 졸업자 중 대학교 진학 비율 70.7%(2013년 교육부 통계)

해 외래어 표기법을 개정하였는가? 당연히 국어학계에서 사용자들의 편의를 위해 많은 노력을 기울여 규정을 만들었을 것이다. 이때 개정 주체의 전제 조건은 우선 자신이 속한 세대와 더불어 다른 세대 사용자들의 언어 관습까지도 잘 이해하고 있어야 하고, 아울러 해당 외국어 음운체계에 대한 지식도 충분히 갖추어야 한다. 1933년 외래어 표기법 제안 이래 1940년 안, 1948년 안, 1958년 안, 1960년 안, 1963년 안, 1969년 안, 1986년 안에 이르기까지 표기법이 개정될 때마다 교육현장에서는 바뀐 새 교과서를 가지고 새 규정에 따라 가르쳤을 것이다. 개정작업을 주도한 국어학자들은 교육을 받은 시기가 서로 달라서, 각자 상이한 표기 습관에 따라서 사용자의 편의를 판단함으로써 시대를 관통하는 보편성과 객관성이 결여될 수 있었으리라 생각된다. 다시 말하면 그동안 새 교육과정을 위한 국어어문정책의 입안과 결정은 국어학계의 원로학자들이 담당해 왔으므로 외래어 표기법 역시 의식적이든 무의식적이든 이미 익숙해진 관습에 따라 판단 기준이 정해졌을 것이다. 바로 이 점이 우리가 재검토해야 할 주된 핵심 사안이다.

개정 논의의 주체가 바뀔 때마다 다른 개정안이 나오게 되는 악순환의 고리를 끊는 것이 가장 우선적이고도 절실한 일이다. 지나온 80여 년의 잘못된 과정을 알면서도 이대로 되풀이되도록 방치해 둘 수는 없는 일이 아닌가? 학습 시기에 따른 세대 간의 차이를 고려한다면, 앞서 말한 대로 30~40년을 과도기 세대로 보고 기존 사용자들을 배려할 수 있는 방안을 마련하는 한편, 후속세대들에게는 초등학교에서부터 그들에게 적합한 새 외국어 표기 지침을 가르쳐야 한다. 우리가 실시한 설문에서 '만일 새 외국어 표기 지침을 만든다면 10~29세, 30~49세, 50세 이상 사용자 중 어느 세대를 고려하는 것이 좋겠는가?'라는 질문에 응답자의 54.7%가 10~29세를 대상으로 하는 것이 적합하다고 대답하였다.[13] 세대에 따른 교육 효과를 고려한다면 10~29세 세대가 가장 효율적이기 때문일 것이다.[14]

따라서 기존 외래어 표기법에 익숙한 습관을 가진 사용자를 기준으로 할 것이 아니라, 이들의 불편을 줄일 수 있도록 당분간은 기존 사용자의 관습을 수용할 수 있는 과도기적인 대안을 마련함과 동시에 후속 세대를 위한 적합한 표기 규정을 별도로 상정해야 한다. 이러한 새로운 외국어 표기 지침 구축은 혼란을 유발하는 불씨가 아니라 문제 해결을 위해 반드시 추진해야 할 필수적인 사업이다. 이를 위해서는 한국어와 다양한 외국어 음성음운학자들이 한자리에 모일 수 있는 공동 논의의 장을 만들고, 연구과정을 공론화하면서 신중하게 결과를 도출하는 협동연구체제가 하루속히 구성되어야 한다. 왜냐하면 교육의 문제뿐만 아니라 급변하는 정보화 사회에서의 효율성과 경제성을 생각한다면 뒤로 미룰 수 없는 시급한 과제이기 때문이다. 서둘러야 할 또 다른 이유는 2005년 2월 결성된 겨레말큰사전 남북공동편찬위원회가 추진하고 있는 사전편찬사업 때문이다. 결성 당시에는 편찬 마감기한을 2014년 4월로 잡았으나, 2010

13 93쪽 설문 1의 문항 4 참조
14 56쪽 '세대에 따른 개정안 학습시기와 실천시기' 참조

년 남북공동회의 중단으로 현재 공동편찬요강에 따라 19만여 개의 새 어휘 발굴단계에서 잠정 중단되었다. 그럼에도 남측 편찬위원회에서는 2019년 4월까지로 사업기간을 연장한다는 내용을 담아 법을 자체적으로 개정·정비해 놓았다. 2014년 7월 29일 중국에서 21차 남북공동편찬회의가 재개되면서 중단기간 동안 남북이 진행한 작업현황을 공유하기로 하였다. 미래에 통일이 이루어진다면 당연히 외래어 표기 문제도 중요한 논란거리가 될 것이므로 편찬사업기간 중에 이 문제를 함께 논의해야 마땅하다. 현재 '올림말선정 작업요강'[15]에서는 외래어 표기 문제에 대해 다음과 같이 정하고 있다. '철자법과 외래어 표기법의 차이로 생긴, 표기 형태가 다른 두 사전의 올림말들은 표기 통일을 전제로 하므로 이에 상관하지 않고 아직은 공통적인 것으로 인정한다.' 그리고 제시한 몇 가지 예를 보면 '콩크리트(콘크리트), 콤퓨터(컴퓨터), 쏘프라노(소프라노), 씨나리오(시나리오)'[16]로 외래어 표기 문제가 상충하고 있음을 알 수 있다. 현재는 사전편찬위원회가 이 문제를 보류하고 있지만 토착화된 외래어에 대해서는 어떻게든 나름의 원칙에 따라 합의가 도출되어야 하므로, 새로운 외국어 표기 지침 마련은 미룰 수 없는 시급한 일임에는 틀림없다.

15 http://www.gyeoremal.or.kr. 여기서 '올림말'은 등재어를 의미한다.
16 괄호 안이 남측 표기

외래어와 외국어

이제 기존 외래어 표기법이 아닌 외국어 표기 지침에 대해 함께 생각해 보자. 다양한 외국어들이 급속히 유입되고 있는 상황에서 일관된 외국어 표기 지침이 필수적임은 말할 것도 없다. 그렇다면 다양한 외국어가 표기 대상이 되어야 할 것이고, 어떻게 하면 공통된 원리와 원칙을 기준으로 각 개별 언어 표기 지침을 구축할 수 있는지 연구해야 할 것이다. 각 외국어별로 세부적인 연구에 들어가기 전에 지침을 위한 공통 기준을 세우는 일부터 시작하려면, 다언어 음표기를 위한 공통핵심사항이 무엇인가에 초점을 맞추고 공동연구를 통해 큰 범주에서부터 함께 검토해 나가야 한다.

이를 위해 맨 먼저 해야 할 일은 인식의 틀을 바꾸는 일이다. 새로운 원칙에 따른 외국어 표기 지침을 만들려면 기존 외래어 표기법에서 완전히 벗어나야 한다. 기존의 외래어라는 용어를 사용한다면 외래어냐 아니냐의 논쟁으로 외래어에 대한 정의와 범주를 설정하기 위해 쓸데없는 시간을 낭비하게 될 것이다. 현재 외래어라고 할 때 좁게는 외국어 어원이지만 국어에 들어와 널리 쓰이면서 완전히 국어로 동화되어 어형이 안정적으로 고정된 경우를 말한다. 범주를 조금 더 넓혀 보면 외국어이면서 국어에 들어와서 많건 적건 동화과정 중에 있는 경우까지를 포함하기도 하고, 아주 넓게는 최근에 들어왔거나 들어오고 있어서 그 어형이 외국어의 모습을 그대로 유지하고 있는 어형까지 모두를 지칭하기도 한다. 이처럼 외래어에 대한 경계가 모호해서 용어 자체를 명확하게 정의하기가 곤란하다. 또한 같은 외래어라 하더라도 한국어로 유입된 경로와 토착화 과정이 서로 달라 규범으로 정리하기 어려운 사례들도 많이 있다. 아래 그림은 외국어가 한국어에 유입되는 과정이 유동적이어서 외래어 범주를 한정하기가 어려운 상태임을 보여 준다.

외국어와 외래어

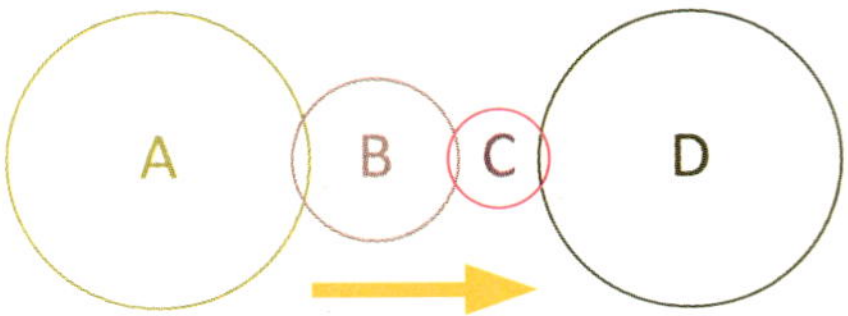

A: 외국어	예) 몽블랑, 질베른, 와인
B: 한시적 외래어	예) 파라솔, 바캉스, 메모
C: 고착 외래어	예) 가스, 바나나, 라디오
D: 한국어	예) 담배, 빵, 고무

말하자면 외국어인지 외래어인지 그 대상이 명확하지 않은 현재 외래어 표기법은 그동안 너무 많이 얽혀 버려서 도저히 풀 수 없는 실타래 같은 상황이 되어 있다. 이런 복잡한 문제를 안고 있는 외래어 표기법을 고수하면서 앞으로 유입될 외국어를 계속 표기하게 할 수도 없고, 그렇다고 새로 유입될 외국어에 대해서만 별도로 새 표기법을 상정할 수도 없다. 결국 기존 외래어 표기법은 이제 역할을

다하였으므로 폐기하고 미래 지향적 관점에서 '외래어'가 아닌 '외국어' 표기를 위한 새로운 접근을 시도해야 할 때이다. 기존 사용자들의 불편을 배려할 수 있는 방안이 함께 마련된다면 현재 사용자의 고충과 불만 때문에 주저하는 일은 없지 않겠는가.

새로운 관점의 외국어 표기 지침이 지향해야 할 중요한 기본원칙은 외국어가 한국어화되어 가는 단계와는 무관하게 외국어에서 이미 유입된 것, 유입되고 있는 것, 그리고 앞으로 유입될 모든 어휘를 대상으로 오로지 귀에 들리는 말소리를 음표기로 한다는 점이다. 이 원칙을 기반으로 언어별 대응표기체계를 구축한다면 과거로부터 현재에 이르는 모든 외래어와 외국어를 한 범주에 포함시킬 수 있고, 미래에 지속적으로 유입될 모든 외국어까지 포괄할 수 있으며, 해당 외국어 발음을 그대로 표기함으로써 해당 외국어로의 복원도 쉽게 해결할 수 있는 실마리를 제공할 수 있다.

원산지음 표기[17]

과거 외래어 표기법의 역사를 살펴보면 핵심적인 두 가지 문제가

17 해당 외국어 본토 발음을 존중하여 그대로 한글로 표기한다는 뜻이다. 다른 표현으로 '원음', '현지음', '원지음' 같은 용어가 있지만 '원음'은 원음소(archiphonème)와 혼용되고, '현지음'은 외국어의 출발지·도착지 중 어느 쪽을 의미하는지 명확하지 않으며, '원지음(原地音)'은 한자 없이는 이해가 쉽지 않은 까닭에 사용하지 않았다.

있다. 하나는 영어 중심 표기 원칙이고, 다른 하나는 국어음운규칙을 적용한 표기방식이다. 그 원인에 대한 자세한 설명은 뒤이어 올 '외국어로의 환원'에서 하기로 하고 우선 결과만 보기로 하자.

첫째, 외래어 표기규정이 만들어진 후 50여 년이 넘도록 영어 중심 표기를 고수함으로써 영어 이외에 다른 외국어 표기가 왜곡되었고 시간이 지나면서 고착되었다. 그나마 외국어 전공 음운학자들의 원산지음 표기 원칙 주장이 뒤늦게 받아들여져서 1986년에 개정한 현행 외래어 표기법에서는 영어를 제외한 몇몇 외국어에 대해 약간의 보완책을 마련하였다. 그러나 여전히 영어 음가와 영어 알파벳 중심의 기본 틀은 그대로 유지한 상태에서 일부 수정안을 추가하였을 뿐이다.

프랑스어의 영어식 표기 예

Paris	파리	cognac	코냑
boutique	부티크	Camus	카뮈
coup d'Etat	쿠데타	baguette	바게트
café	카페	pantalon	판탈롱
mousseline	모슬린	champagne	샴페인

둘째, 외국어 또는 외래어의 원산지가 한국이 아님에도 불구하고 이를 표기함에 있어 한국어의 음운현상에 맞게 표기하도록 원칙을

정하였고, 수차례 개정을 거치면서도 그 관점을 유지해 왔다는 점이다. 국립국어원이 그동안 지속적으로 세미나, 공청회, 규정 개정, 용례집 제작 등을 통해 문제해결을 위한 노력을 계속해 왔으나, 결과적으로 이 두 가지 문제에 대한 개선 없이 현행규정에 따른 외래어 용례집 내용만 보강하여 배포하였다. 아마도 2011년 세계육상경기대회, 2012년 여수박람회, 2013년 순천만 국제정원박람회 등 계속되는 세계대회를 준비하기 위한 조치였을 것이다. 하지만 학자들 간에는 논쟁이 끊이지 않고 있고 사용자들의 불편도 여전히 계속되고 있다. 보충 외래어 용례집을 추가 발간하면서 현행 외래어 표기법을 고수하려는 국립국어원의 입장과 원산지음 표기를 하려는 사용자들의 욕구 간에 이견이 점점 커지고 있다.

어문규범을 바꾸는 일은 현재 사용자들에게 주게 될 부담과 부가되는 비용으로 인해 국가로서는 큰 부담을 느낄 수밖에 없다. 그러나 국가정책 결정에서 거시적인 관점을 외면하고 임시방편에 함몰되거나 전환점이 될 수 있는 중요한 기회를 놓친다면 돌이킬 수 없는 곤란에 처하게 될 것이다. 외래어 표기법 역시 원칙에 대한 재고 없이 용례집 보충으로만 해결될 사안이 아님이 명백한데도 관습의 연장선상에서 벗어나지 않으려 한다면 근본적인 문제해결은 불가능한 일이다. 일례로 한국어를 배우는 외국인들에게 발음을 표기해 줄 때 원산지음 표기는 잘 수용하는 편이지만 외래어 표기법은 잘 받아들이지 못한다. 규정을 설명해 주면 논리적으로 이해가 안 되어 점점 더 의아해할 뿐이다. 외국인 입장에서 한국어 음운 규칙을 이해하기는 어려우므로 처음 접하는 사람들이 수용 가능하도록 불필요한 규정은 과감히 버리고, 소리 나는 대로 쉽게 쓸 수 있도록 표기 지침을 단순화할 필요가 있다.

고착 외래어

2008년 초 국민 모두가 냉소적인 반응을 보였던 유명한 '오륀지' 소동을 생각해 보자. 가장 원산지 발음에 가깝게 표기된 '오륀지'라는 표기가 국민들에게 부정적인 이미지로 다가온 데는 정치적인 이유 외에도 여러 가지 복합적인 문제가 있었다. 기본적인 이유 두 가지만 들자면, 하나는 100년이 넘도록 사용된 고착 외래어 '오렌지'가 한국어만큼이나 우리에게 익숙한데 갑자기 버리라고 하니 왠지 거부감이 생긴 것이고, 다른 하나는 문자가 고(高), 저(底), 장(長), 단(短)과 같은 운율 특성을 나타낼 수 없는데도 문자에서 그 해법을 찾으려고 했던 점이다. 'Orange'의 발음은 첫음절에 악센트를 주지 않으면 '오렌지'든 '오륀지'든 이상하기는 마찬가지다. 문자와 달리 말은 노래처럼 살아 움직이는 생명체인데 문자로 외국어교육 문제를 개선하겠다는 발상 자체가 착오였다.

'오륀지' 소동은 외국어에서 유입된 말을 원산지음 표기로 바꾼다고 해서 고착 외래어 사용을 강제로 막는 것은 바람직하지 않다는 점을 잘 보여 주는 예이다. 왜냐하면 이미 한국어에 편입되어 고착된 외래어를 한국어 어휘목록에서 삭제하는 것은 오래된 집을 수리하면서 소중한 골동품이 될 수 있는 옛 물건들까지 쓸어 내 버리는 격이기 때문이다. 예컨대 고착 외래어 가운데 드물긴 하지만 '빵'이나 '고무'처럼 한국어에는 대체할 어휘가 없는 경우도 있고, 대체 어휘가 있다고 하더라도 그 표기만이 나타낼 수 있는 특별한 뉘앙스를 내포하고 있을 수도 있다. 또한 언어적 측면 외에도 역사적 흐름과 시대적 배경을 통해 느끼는 정서적 공감대도 있으므로 외래어가 사라진다면 중요한 의미소들을 잃어버릴 우려가 있다.

앞서 말한 대로 새로운 외국어 표기 지침 구축은 기존 외래어 표기 규정에 집착하지 말고 모든 외국어를 대상으로 원산지음 표기 원칙에 따라 추진되어야 한다. 하지만 이미 사용하고 있는 외래어에 대해서는 건강한 언어 생태환경을 고려하여 사용자의 선택에 맡겨 두자. 즉 외국어로부터 국어에 유입된 어휘 중에 국어로 동화가 완료된 외래어와 동화가 진행 중인 외래어의 경우는 계속 사용할 수 있도록 의도적으로 방치해 두고 생태언어학적 견지에서 기다릴 필요가 있다고 본다. 후속세대 교육에서는, 처음 초등학교에 입학하는 아이들이 한 세대를 거치는 동안 학교 정규교육과정에서는 새로 만든 외국어 원산지음 표기 지침을 가르치고, 이미 기존 관습에 익숙해진 성인들에 대해서는 새 표기 사용 여부를 자율에 맡기자. 그렇게 한 세대가 지나가면 새로운 질서가 생겨날 것이다. 타임머신을 타고 한 세대 이후의 미래에 도착했다고 상상해 보자. 젊은이들은 자연스럽게 새 외국어 표기 지침에 의해 원산지음에 가깝게 외국어를 표기할 것이다. 지금의 외래어는 언어생태환경에 의해 고유한 뉘앙스를 지니면 살아남고, 기능이 소멸되면 자연 도태되어 있을 것이다. 이 과정에서 살아남은 외래어는 차별화된 고유의미를 가지고 어휘목록에 수용되어 한국어 어휘가 훨씬 더 풍부해져 있을 것이다.

거시적인 관점에서 국립국어원과 외국어 전공학자들이 뜻을 모아 공통된 기본원칙을 수립한 후에 외국어 표기 지침을 구축하기 시작한다면, 그리고 지속적이고 일관된 정책을 추진해 나간다면 언젠가는 우리의 기대가 현실로 나타날 수 있으리라.

외국어로의 환원

처음 외국문화가 우리나라에 유입될 때와 현재 우리가 처한 환경이 얼마나 달라졌는지 생각해 보라. 옛날에는 소량의 정보가 한쪽 방향으로 아주 천천히 이동하는 사회였던 데 반해, 지금은 지구촌이 인터넷이라는 거대한 정보망 속에 하나로 연결되어 대용량 정보를 초고속 실시간으로 양방향 전달하는 사회가 되었다. 더구나 세계 최고 대학들이 세계의 젊은이들에게 무료로 '온라인 대중 공개수업(Massive Open Online Course)'까지 제공하고 있으니 과거에는 도저히 상상치 못했던 일들이 이제는 당연한 현실로 다가와 선택의 여지 없이 받아들여야 할 처지가 되었다.

정보전달 소요시간만 생각한다면 모든 지구인이 한 공간에 함께 살고 있는 것과 같다. 미래에 지구인의 공용어, 가칭 지구어가 만들어진다면 이런 고민조차 할 필요가 없겠지만 당장은 다언어 간 원활한 소통을 위해 외국어 ⇄ 한글 표기, 한국어 ⇄ 로마자 표기 간 실시간 양방향 표기전환이 수월하게 이루어질 수 있는 최선의 방법을 찾을 수밖에 없다. 외국어를 한글로 표기하는 문제를 논의할 때에는 한글을 외국어로 환원하는 문제까지도 함께 고려할 필요가 있다. 비록 외국어 ⇄ 한글 표기와 한국어 ⇄ 로마자 표기 간에 동일한 규정을 만들 수는 없지만 적어도 조정 가능한 영역을 외면해서는 안 된다. 앞서 '한글', '표음문자 한글', '원산지음 표기'에 대해 이야기하면서 우리는 이미 양방향 전환 문제를 염두에 둔 바 있다. 대다수 국민들은 한글을 아주 우수한 표음문자라고 평가하면서 한편으로 자신이 표기를 왜곡시키는 규정을 따르고 있다는 사실은 깨닫지 못하고 있다. 외국어 음표기가 원산지음에서 멀어질수록 환원은 그만큼 더 어려워진다는 당연한 이치를 생각해 보면 원산지음 표기와 환원의 문제가 왜 중요한지를 이해할 수 있을 것이다. 현행 외래어 표기규정에서 원산지음 표기를 방해하거나 환원을 어렵게 만드는 요인은 무엇일까?

첫째는 한국어 음운규칙 적용이다. 앞서 예를 든 바 있는 '아울렛', '아웃렛'은 한국어 음운규칙인 자음접변과 7종성제약 현상이 개입된 표기이고 '아욷렡'은 원산지음 그대로의 표기이다. 내게 얼마나 익숙한가는 접어 두고 '아울렛, 아웃렛, 아웉렡' 중 어느 쪽이 'outlet'으로 환원하기 쉬운가? 『훈민정음』에는 모든 끝소리는 첫소리를 다시 사용한다고 분명히 밝혀 놓고 있는데 무슨 이유로 받침에 'ㄱ, ㄴ, ㄹ, ㅁ, ㅂ, ㅅ, ㅇ' 일곱 개 자음만 허용하는 제약을 별도로 추가하여 한글 본연의 역량을 위축시켰는지 모르겠다.

둘째는 영어 중심 표기이다. 예를 들어 경북대학교 한국어문화원에서 발송하는 웹진 '국어생활 이야기' 2012년 11월 19일 자 내용에서는 프랑스어에서 온 'atelier(아뜰리에)'를 '아틀리에'로 표기해야 한다고 명시하였다. 현행 규정은 프랑스어 'coup d'Etat(꾸데따)' 역시 '쿠데타'로 표기하도록 하고 있다. 우리말에서는 'ㅋ'와 'ㄲ'가 의미를 구분하는 완전히 다른 음소이며 표기에도 아무런 어려움이 없다. 해당 표기가 가능함에도 불구하고 엄연히 다른 소리인 'ㅋ'와 'ㄲ'를 구분하지 않고 왜 'ㅋ' 하나로만 표기하도록 강요하는가?

셋째로는 다른 언어권을 거쳐 오면서 생기는 발음 왜곡현상이다. 왜곡된 발음은 해당 외국어로의 복원을 어렵게 만드는 요인이므로 반드시 원산지 발음을 찾아서 표기하도록 해야 한다. 우스꽝스러운 예로 프랑스어인 'jupon(속치마)'이 일본을 거쳐 우리나라에 와서는 '즈봉(양복바지)'이 되었다. 사람들은 원래의 뜻과 다른 줄도 모른 채 1960년대까지 '즈봉' 또는 '주봉'이라는 말을 사용하다가 지금은 50대 이상만 이해할 수 있는 추억의 어휘로 남았다. 다행히 순화과정을 거쳐 현재는 쓰지 않게 되었지만, 어원과 무관하게 발음과 의미가 모두 왜곡될 수도 있음을 보여 주는 예이다.

이처럼 현행 외래어 표기규정으로 인해 원산지음 표기가 곤란하거나 양방향 전환이 어려운 문제를 해소할 방안이 있음에도 임시방편으로만 대처하면서 다음 세대에게 현행 규정을 그대로 배우고 쓰도록 강요하거나 방치한다면 언어학자의 책임을 다했다고 할 수 없다. 기성세대에게 익숙하다는 이유로 후속세대에게도 부적합한 규정을 그대로 따르도록 강요할 것인가, 아니면 원산지 발음 표기가 수월하고 양방향 전환이 고려된 새로운 지침을 마련할 것인가? 지금 나 자신이 아닌 다음 세대를 기준으로 판단해 보라.

한국어 로마자 표기법

지구상에 존재하는 수많은 언어들의 근원은 어디일까? '인도유럽제어'라는 가상의 조상어 아래에 모든 언어가 포함되어 있는가? 그중 역사적으로 큰 비중을 차지했던 언어는 무엇인가? 우리는 왜 로마자 표기법을 사용하는가? 우리나라 로마자 표기법은 로마자를 그대로 실현한 것인가?[18] 여러 가지 생각을 하면서 지금까지 우리 로마자 표기법 사용에는 문제가 없었는지 살펴보고자 한다. 외래

18 현재 인터넷에서 사용되는 로마자 변환기는 '국어의 로마자 표기법(대한민국 표준, 문화관광부 고시 제2000-8호, 2000. 7. 7.)'과 '매큔-라이샤워 표기법' 두 가지 방식을 모두 제공하고 있다.

어 표기법과 마찬가지로 로마자 표기법도 학자들 간에 견해가 달라 때로는 뜨거운 논쟁으로 확대되기도 한다. 학계나 국립국어원의 입장뿐만 아니라 이해관계가 직결되어 있는 출판업자, 문중 대표, 개인 사용자, 그 밖에 드러나지 않은 부분까지 생각한다면 수면 아래 불만이 적지 않다. 영어에 익숙한 사용자 입장에서는 영어 표기법과 달라서 불만이고, 라틴, 즉 로만 계통 언어에 익숙한 사용자 입장에서는 영어식 표기가 혼용되어서 불편하다. 사람들이 영어에 더 익숙하다고 해서, 또는 사용인구가 더 많다고 해서 여론에 따라 손쉽게 처리할 문제는 더 더욱 아니다. 또 역사적 인물이나 지명 등 이미 고착된 로마자를 바꾸려면 많은 비용과 불편이 예상되기도 한다. 그럼에도 지금 이 시점에서, 외국어 한글 표기 지침에 관한 논의 중에 느닷없이 한국어 로마자 표기 문제를 거론하는 이유는 두 사안이 별개가 아니며, 막다른 난관에서 양쪽을 동시에 생각함으로써 새로운 돌파구가 될 실마리를 찾을 수 있기 때문이다. 예컨대 한쪽에서는 선택사항이었던 것이 다른 한쪽에서는 필수사항이 된다면 양방향 전환문제를 동시에 고려함으로써 문제를 쉽게 해결할 수 있게 된다.

여기서 우리 입장 한 가지를 먼저 밝힌다면, 로마자 표기가 영어 화자만을 위한 것이 아니라 모든 외국인을 위한 것이 되어야 한다는 점이다. 그런데 영어 사용자가 급속하게 늘면서 2000년에 개정된 로마자 표기법에 대해 영어식 표기법으로 재개정해야 한다는 여론이 높아졌다. 이에 국립국어연구원은 2007년 경북대학교 음성실험실에 구체적인 자료조사 연구를 의뢰하였다. 국립국어원이 제공한 두 가지 표기법, 즉 기존 로마자 표기법인 A안[19]과 영어식 로마자 표기법인 B안으로 작성된 20개의 지명을 243명의 외국인들에게 읽게 하여 녹음한 뒤, 총 9,720개 항목의 음성자료를 한글로 전사하고, 피실험자의 국적과 언어, 영어와 한국어 이해도, 한국 체류기간에 따라 자료를 분석하고 분류하였다.[20] 실제 조사결과에서 A안 로마자 표기법의 정확도는 52.7%이고, B안 영어 중심 표기의 정확도는 41.1%였다. A안의 정확도가 11.6% 더 높게 나타났다고는 하나 이 결과는 두 안에 대한 약간의 차이만 드러냈을 뿐 현행 로마자 표기법이 만족할 만한 수준의 적합성을 드러낸 것은 아니었다. 50%가 조금 넘는 A안이 50%에 조금 못 미치는 B안보다 더 합당하다고 결론 내릴 수는 없지 않은가. 이는 현행 로마자 표기법 자체에 문제가 있음을 명백하게 보여 준다. 여기서 우리는 몇 가지 궁금한 사실을 짚어 보려고 한다. 왜 A안의 정확도가 50%대에 있는가? 왜 A와 B안의 정확도 차이가 11.6%밖에 나지 않는가?

현행 로마자 표기법(2000)은 한국어를 로마자로 표기했을 때 외국인들이 보고 쉽게 한국어 발음으로 읽을 수 있도록 소리에 따라 표기한다고 명시하고 있다. 예를 들면 '종로 → Jongno, 신라 →

19 국립국어원은 B안을 영어식 로마자 표기라고 하였으나, 오원교의 미출간 유고인 '우리말 三講(1999)' 언어음의 관여자질 부분에서는 'ㄱㄷㅂ는 KTP가 아니다.'라고 주장하면서 현행 로마자 표기법의 문제를 언급한 바 있다. 다시 말해서 A안 역시 영어 중심 사고에서 완전히 벗어나지 못하였음을 지적하였다.

20 설문조사와 녹음은 한국갤럽이 맡았고, 경북대학교 음성실험실에서는 녹음자료 분석과 한글 전사를 통해 일치도와 사용실태를 분류 정리하였다.

Silla, 독립문 → Dongnimmun'과 같이 소리 나는 대로 표기하면서 철자 표기법을 의도적으로 배제하고 있다. 그러면서 모음 앞 'ㄱ, ㄷ, ㅂ'는 'g, d, b'로 표기하고 자음 앞과 어말의 'ㄱ, ㄷ, ㅂ'는 'k, t, p'로 표기한다고 하였다. 한국어에서는 무성/유성 대립이 잉여적이어서 구별할 필요가 없지만, 로마자에서는 의미를 구분하는 기능이 있어서 변별적이다. 그런데 별개 음소 'ㅋ, ㅌ, ㅍ'의 표기 기호인 'k, t, p'를 'ㄱ, ㄷ, ㅂ'의 무성 표기에 같이 사용하고 있다. 더구나 한국어 초성 'ㄱ, ㄷ, ㅂ'는 음향음성학적 기준에 따라 엄밀히 구분하면 음성 환경, 다시 말해 모음 사이에서만 유성이고 그 밖에는 모두 무성이다. 그런데도 로마자 표기법에서는 이러한 변별성을 존중하지 않았고 조건도 잘못 제시하였다. 다른 언어를 표기함에 있어 한계가 있음을 모르는 바 아니나, 쉽사리 수용하기 어려운 규정이라고 본다.

또 다른 문제는 철자전사 규정이다. 현재 로마자 표기법은 발음전사인가, 철자전사인가에 따라 각각 규정을 달리 적용하고 있다. 로마자 표기법 제8항에서는 '한글 복원을 전제로 표기할 경우 한글 표기를 대상으로 적는다.'[21]라는 다른 기준을 덧붙여 놓았다. 따라서 'ㄲ, ㄸ, ㅃ'는 'kk, tt, pp'로, 'ㅈ, ㅉ, ㅊ'는 'j, jj, ch'로 표기한다고 하였다. 하지만 여기서 당장 이해하기 곤란한 의문이 생긴다. 제8항을 존중한다 하더라도 'ㄱ, ㄷ, ㅂ'는 'g, d, b'로 표기하면서 왜

21 현 로마자 표기법 용례 가운데 '독립문'의 경우 'Dongnimmun'이라 표기하지만, 한글 표기를 전제할 경우에는 '독립'을 'doglib'이라 적는다고 명시하고 있다.(국립국어원 누리집 → 찾기마당 → 어문규정 → 로마자표기법 → 규정보기 참조)

'ㄲ, ㄸ, ㅃ'는 'gg, dd, bb'가 아닌 'kk, tt, pp'를 쓰자고 하는지? 그리고 'kk, tt, pp'가 과연 로마자 사용자에게 한 음소로 인식될 수 있는지? 예컨대 로마자 사용자들이 'dokki(도끼)'를 읽는다면 'kk'를 'ㄲ'가 아니라 'ㄱ+ㄱ(독기)' 또는 'ㅋ+ㅋ(독키)'와 같은 두 소리의 연쇄로 인식할 것이다. 언어학 아니 음성학 음운론을 전공한 필자조차도 'bakk', 'buskkoch', 'eobs-eoss-seubnida'를 보고 '밖', '붓꽃', '없었습니다'로 읽기가 쉽지 않은데 일반인이라면 더욱 어려울 것이다. 철자전사의 편이성만 생각하고 가독성 문제와 국제적인 공감대를 충분히 고려하지 않는다면 외국인은 물론 한국인들도 읽을 수 없는 표기가 될 것 같아 걱정스럽다.

현재 국제사회에서 공감대가 가장 넓은 세계 공통어를 꼽으라면 학계에서는 학명으로 사용하는 라틴어, 국제법에서는 프랑스어, 비즈니스 세계에서는 영어, 그리고 에스페란토[22]를 들 수 있겠다. 로망제어[23]에 바탕을 둔 에스페란토는 19세기 말 인공적으로 만들어진 세계 공통어이다. 에스페란토는 배우기 쉬워서 당시 국경을 넘어서

22 에스페란토(Esperanto)란 1887년 러시아 지배하의 폴란드에 살고 있던 유태인 안과의사 라자로 루드비코 자멘호프 박사가 중립적인 언어로 국제간 의사소통을 할 목적으로 직접 만들어서 '에스페란토'란 필명으로 발표하면서 탄생된 인공언어를 말한다. 모음 5개, 자음 23개로 구성된 배우기 쉬운 언어로, 현재는 전 세계 200여만 명이 에스페란토로 대화할 수 있고, 2012년 2월 23일 구글 번역기(http://translate.google.com)에도 에스페란토가 64번째로 추가되었다. 한편으로는 국가나 민족을 초월한 지구인의 공존과 교류 차원에서는 지구촌 언어로써, 다른 한편으로는 민족 간 상호 평등 원칙하에 각자의 특성을 지니고 소통할 수 있는 보조언어로써 가장 적합하고도 유일한 대안이 될 수도 있을 것이다.
23 로망제어(諸語)란 라틴어에서 파생된 프랑스어, 이탈리아어, 스페인어, 포르투갈어, 카탈로니아어, 루마니아어 등의 상위언어를 말한다.

지식인들 사이에 빠르게 확산되었으나 나치와 스탈린 치하에서 정치적 탄압을 받으면서 널리 전파되지는 못하였다. 이들 언어는 모두 인도유럽제어에 속하는데 인도유럽제어에는 켈트-이탈리아어족, 게르만어족, 발트-슬라브어족, 인도-이란어족, 아시아어족 등의 여러 갈래가 있다. 세계 공통어로 제시한 네 언어 중 영어는 게르만어족에 속하고, 나머지는 모두 켈트-이탈리아어족에 속하는 라틴어로부터 왔다. 역사의 흐름 속에서 익히 보아 왔듯이 살아 있는 모든 언어들은 생명체와 같아서 항상 가변적이고 역동적이기 때문에, 음가와 표기 간에 아무리 확실한 관계를 설정한다 하더라도 시대가 바뀌면서 계속 같은 모습으로 유지되지는 못한다. 현재 지구촌에서 사용되는 살아 있는 모든 언어의 속성도 마찬가지이다. 그러나 말의 기능이 상실되면서 사라져 버린 사어들 가운데서도 다행스럽게도 지금까지 살아남아 문어로 꾸준히 사용되고 있는 유일한 언어가 바로 라틴어이다. 천 년 이상 학계에서 꾸준히 사용되면서도 사어였기 때문에 음가와 표기 간에 확고한 관계가 잘 유지되어 온 라틴어는 로마자 표기 도구로써 타당성 검증이 가장 잘 되었다고 볼 수 있다. 따라서 라틴어 방식의 로마자 표기야말로 국제적인 공감대를 이끌어 내기에 가장 적합한 모델이라고 생각한다.

앞으로의 목표는 외국어 표기 지침과 로마자 표기법을 가능한 한 연결하여 함께 고려한 발음전사 원칙에 따라 한국어 ⇄ 로마자와 외국어 ⇄ 한글 모두 양방향 전환이 잘될 수 있도록 연구를 추진하는 일이다. 한글과 로마자 간의 대응관계 설정이나 다언어 대상의 공통 기준 도출은 모두 간단한 문제가 아니다. 하지만 보완 방안을 위해 언어학자와 정보처리 전문가가 IT 기술을 활용한 학문적 융합을 추구한다면 좋은 결과가 나올 수 있으리라 기대한다.

'빠리'인가, '파리'인가?

오늘날 세계화의 물결이 거세게 밀려들면서 언어 역시 급변하는 흐름을 거부할 수 없는 상황에 처하게 되었다. 다양한 외국어가 쏟아져 들어오고 있고 그에 비례해서 나날이 높아지는 한국의 위상에 걸맞게 한국어 해외 유출도 급속히 많아지고 있다. 최근 한국어 사용자 인구가 갑자기 늘어나면서 인터넷 환경에서 한국어는 세계 10위권에 들 만큼 중요한 언어로 부상했다. 그런 반면 외래어 표기법은 현재 상황에 유연하게 대처하지 못하고 사용자들에게 혼란만 가중시키고 있어 제 역할을 다하지 못한다는 지적이 많다. 이러한 문제 해결을 위해 우선 외래어가 아닌 외국어의 범주를 재설정한 후, 외국어 ⇄ 한글 양방향 전환이 가능한 일관성과 간결성을 갖춘 소리 중심 원산지음 표기 지침을 마련하여 다음 세대에 적용할 준비를 서둘러 시작해야 한다.

프랑스어 'Pas possible!(불가능한 일이야)!'의 올바른 발음은 '빠 뽀씨블르!'이다. 그런데 프랑스인이 미국인 발음을 흉내 내면서 '파포씨블!'이라고 한다면 대부분의 프랑스인들은 그 말이 갖는 어휘의 미뿐만 아니라 또 다른 화용적인 뉘앙스도 함께 받아들인다. 즉 영어권에서 온 사람의 말투를 우스꽝스럽게 흉내 내려는 의도가 담겨 있다고 생각하게 된다. 미국인은 모국어 간섭으로 인해 'ㅃ' 발음이 불가능하니 그래도 어쩔 수가 없다. 그러나 한국인은 정확하게 'ㅃ'로 발음하고 쓸 수가 있는데도 납득할 수 없는 규정으로 인해 'ㅍ' 발음을 강요당하고 있다. 만일 우스꽝스러운 인상을 주는 부작용이 있더라도 'Paris'를 계속 '파리'로 쓰고 말해야 한다면 이를 수용할 만한 타당한 이유가 있어야 한다.

국립국어원에서 '파리'로 표기하도록 규정한 데는 어떤 합당한 이유가 있는 것일까? 만일 우리에게 익숙한 영어를 기준으로 획일적인 원칙을 적용했기 때문이라면 그 기준은 완전히 폐기되어야 한다. 아니면 현재 표기법에 이미 익숙해져 있는 사용자를 배려하기 위함인가? 그 이유라면 과도기에 속하는 기존 사용자에게는 기존 관습에 따라 쓸 수 있도록 허용하면 될 일이다. 다만 한국어와 외국어 전공자들이 하루빨리 한자리에 모여 후속세대에 초점을 맞춘 새로운 외국어 표기 지침을 공동으로 만들어 제공하는 것을 전제로 말이다.

그렇게 되면 미래의 후속세대들은 초등학교에서부터 새 외국어 표기 지침을 배울 것이므로 불일치 문제는 서서히 자연스럽게 해결될 수 있지 않겠는가? 지금까지 70년이 넘도록 계속 개정하려 해도 해결되지 않았고, 앞으로도 계속 이어질 외래어 표기법에 대한 혼란과 논쟁을 끝내려면 한 세대를 기다리는 시간은 수용할 만한 가치가 있다고 본다. 한 세대가 흘러가면 사용자들은 더 이상 외래어 표기법 때문에 크게 고민하지 않아도 새 지침에 따라 표기하게 되리라. 이 제안은 먼 미래에 가서야 얻어질 결실이지만 '파리' 아닌 '빠리'가 무리 없이 자연스럽게 받아들여질 수 있는 가장 확실하고 합리적인 방안이라고 생각한다.

이런 생각을 실천하기 위해 우선 우리가 자체적으로 가능한 연구부터 실험적으로 추진해 보기로 하고 프랑스어 문헌의 한국어 번역 자료들에 대한 실태조사를 실시한 바 있다. 이 작업과정을 여기에 싣는 주된 이유는 프랑스어 한글 표기법뿐만 아니라 다른 외국어 표기 지침 마련을 위한 기초자료로 제공될 수 있기 때문이다. 다시 말해서 프랑스어 한글 표기 자료에 대한 분석을 통해 외래어 표기법이 시대에 따라 수없이 개정되면서도 끊임없이 불일치가 지속되어 온 원인을 규명하고, 객관적 자료와 양쪽 언어체계의 음성학적·음운론적 분석을 근거로 최적화된 대응방안이 무엇인지를 살펴볼 수 있는 선행연구인 셈이다. 뒤이어 올 제2부에서는 이 연구 결과를 근거로 프랑스어 한글 표기에 있어서 문제가 되고 있는 몇 가지 핵심 사안들에 대해 논의하고자 한다.

02.

프랑스어 한글 표기 문제와 대안

불일치 실태와 원인

지금까지 외국어별 표기 방안에 대한 연구를 시작하기 전에 각 외국어 전공자들이 적용할 공통 원칙과 지침 마련을 위해 논의해야 할 사안들을 살펴보았다. 이제 구체적인 단계로 다음 두 가지를 검토해야 한다. 하나는 각 외국어 한글 표기 불일치가 실제로 어떻게 나타나고 있는지 직접 자료조사를 하는 일이고, 다른 하나는 원산지음 표기가 후속세대에게 어떻게 수월성을 제공할 수 있는지 밝히고 대안을 구축하는 일이다. 기획단계에서부터 다양한 외국어 전공자들이 함께 문제를 인식하고 원칙을 구축해 나간다면 뒤이어 올 언어별 연구에서도 일관성을 갖춘 합당한 표기 지침이 나올 수 있으리라 믿는다.

1940년대 이후 외래어 표기 규정이 지속적으로 개정 공포되어 왔다. 그렇다면 적어도 한정된 기간 내에서는 표기가 통일되어야 마땅함에도 실제로는 통일시기에 발간된 출판물에서조차 서로 다르게 표기된 사례가 많았다. 이러한 불일치 사례와 원인을 밝혀내고 프랑스어 한글 표기 방안에 대한 의견을 개진하는 것이 프랑스어 전공자의 역할이라고 생각한다. 따라서 우리는 프랑스어 한글 표기 불일치 사례조사와 사용자의 수월성을 고려한 프랑스어 한글 표기 시안을 만들어 공론화하고 함께 검증해 나가는 절차를 마련하고자 한다. 이러한 작업을 수행하기 위해 경북대학교 음성실험실에서는 한국연구재단의 지원[1]을 받아 프랑스어 한글 표기 불일치 사례조사를 실시하였다. 외래어 표기법이 제정된 1940년대 이후부터 지금까지 프랑스어 한글 표기 규정은 어떠했고 불일치는 어느 정도였는지, 실제 자료수집과 분류를 통해 파악하고 불일치 원인을 밝히고자 하였다.[2]

연구절차를 대략 소개하자면 그동안 국가 차원에서 추진되었던 외래어 표기법을 개정 시기별로 구분하여 프랑스어 한글 표기 사례들을 정리하였다. 외래어 표기법이 최초로 제정된 1) 1940년 안, 2) 1948년 안, 3) 1958년 안, 1960년 안, 1963년 안, 4) 1969년 안, 5) 1986년 안에 이르기까지 각 표기법 개정안의 특징을 파악하고, 개정된 규정과의 일치여부와 불일치 사례들을 조사하였다. 연구 자료는 1940년부터 현재까지 불한번역소설 50권과 신문 5종을 분석대상[3]으로 삼아 프랑스어 한글 표기 불일치 사례들을 찾아내어 표기법 개정 시기에 따라 분류하였다. 오른쪽 예는 프랑스어 한글 표기가 시대별로 어떻게 달라졌는지 불일치 사례를 보여 준다.[4]

정부가 1940년 첫 규정 발표 이후로 개정안을 수차례 내놓았으나 실제로는 불일치 현상이 제대로 개선되지 않았다. 그 이유를 파악하기 위해 개정안 발효시기, 사용자 학습시기, 그리고 적용시기,

1 KRF-2008-327-A00697

2 이은영 외(2011), 「불한번역에서 프랑스어 발음의 한글 표기불일치와 대응방안」, 『한국프랑스학논집』 제72집 89~121쪽

3 85쪽 '프랑스어 한글 번역서 및 한국 신문 시대별 검토자료' 참조

4 86쪽 '기록물 조사결과 시대별 불일치 대조표' 참조

외래어 표기법 개정 시기와 사용자 불일치 예

1940년~	1948년~	1958년, 1960년, 1963년~	1969년~	1986년~
빠리 파리	빠리	빠리 파리	빠리 파리	빠리 파리
베르사이유 벨사유 베르사유	뻬르사이유 벨사이유	베르사이유 베르사이으	베르사이유	베르사유 베르사이유
		오드꼴로뉴 오데꼴롱 오드꼴론	오드콜롱 오데콜롱 오드콜로뉴	오드콜로뉴 오데꼴로뉴 오데꼴롱 오데콜론
			까뮈 카뮈 까뮤	카뮈 까뮈

이 세 가지 사안에 대해 면밀한 관찰을 시도하였다. 다시 말해 10년 안팎 주기의 잦은 개정으로 인해 세대별로 표기양상이 달라졌고 그로 인해 각 시기가 어긋나는 현상이 되풀이되었다. 바로 이 점이 불일치의 중요 요인이 된 것으로 보아 연관성을 확인하기 위해 수집한 자료들의 불일치 양상을 시기별로 분류하였다. 그 결과를 해석하면 사용자들은 학교교육을 통해 습득한 외래어 표기법을 개정 이후에도 그대로 고수하였기 때문에 예상대로 후속 개정안과의 불일치 현

상이 나타났다. 즉 불일치의 주된 원인은 규정을 바꾸면서도 사용자 입장을 배려하지 않은 점과 이런 현상이 연이어지도록 방치한 점이리라.

세대에 따른 개정안 학습시기와 실천시기

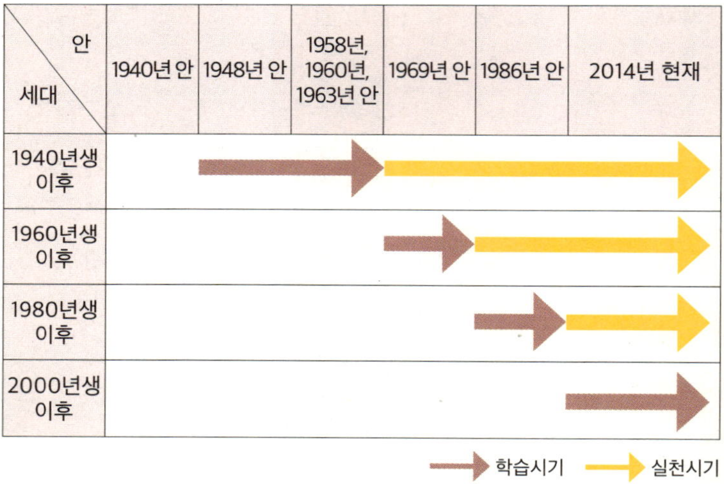

표기법 개정안의 정상적인 작동을 위해서는 대개 규정이 발효된 시점에다 교육 및 체화학습 기간을 더한 만큼 지연되어서 효력이 나타나고, 일단 체화학습이 완료된 이후에는 대부분의 사용자들이 습관을 바꾸려하지 않는다는 점을 고려해야 한다. 그런데도 지금까지는 표기 규정안이 마치 법조항인 양 공포와 동시에 바로 실현될 것

으로 생각하고 불일치 원인을 오로지 미비한 규정 탓으로 본 것 같다. 따라서 표기 원칙에 대한 연구와 더불어 사용자 입장에 대한 면밀한 분석도 함께 이루어져야 한다. 사용자의 불편과 불일치를 최소화하려는 노력은 앞으로 새 외국어 표기 지침을 만들고 시행함에 있어서 표기 지침만큼이나 중요하므로 간과해서는 안 될 것이다.

ㅂ, ㅃ, ㅍ

프랑스어를 모르는 우리나라 사람들에게 프랑스어 철자 'b, p'를 보여 주고 그 음가를 각각 적으라면 'ㅂ, ㅍ'라고 쓰겠지만, 프랑스인이 발음하는 'Pont Neuf'를 들은 대로 적으라면 분명 '뽕네프'라 쓸 것이다. 그런데 현재 우리 외래어 표기법은 영어 철자를 기준으로 '퐁네프'라고 쓰도록 요구한다. 앞 장에서 이야기한 바와 같이 외국어라고 할 때 영어 이외 다른 많은 외국어를 포괄하는 현대사회에서 영어 철자를 기준으로 하는 것이 과연 합당한가에 대한 재고와 원칙 재정립이 필요하다. 더구나 외국어 ⇄ 한글, 한국어 ⇄ 로마자의 양방향 전환과 상호연계 문제, 언어의 시대적·지역적 가변성 문제, 정보화시대에 상용화 역량 등의 여러 요소를 충족시킬 수 있는 새로운 틀을 마련해야 한다는 시대의 필연적 요구 또한 외면해서는 안 된다.

현재 어떤 언어들이 국제적인 통용어로 쓰이고 있는지? 그 언어 사용국가와 인구수는 얼마나 되는지? 영어식 표기가 수월성 측면에서 가장 합당한 것인지? 국제공식학명은 왜 라틴어인지? 로마자 표기는 어떤 언어가 바탕이 된 것인지? 철자와 소리 간의 관계는 불변인지? 철자 표기와 소리 표기 중 어느 쪽을 선택해야 하는지? 표기 지침의 단순화는 어디까지가 적당한지? 사용자 입장에서 최소의 노력으로 최대의 효과를 낼 수 있는 표기 지침은 무엇인지? 이러한 고찰과 더불어 프랑스어에 대한 한글 표기 문제를 우선 잠정적으로 검토·정리한 다음 공론화하려고 한다.

먼저 소리를 기준으로 프랑스어 폐쇄음 중 양순음 /b/, /p/, /pʰ/[5]를 한글로 표기하자면 각각 'ㅂ, ㅃ, ㅍ'이다. 치조음 /d/, /t/, /tʰ/는 'ㄷ, ㄸ, ㅌ', 구개음 /g/, /k/, /kʰ/는 'ㄱ, ㄲ, ㅋ'이다. 이를 근거로 철자와 소리를 연결하면 'ㅂ, ㄷ, ㄱ'의 철자는 'b, d, g'이고, 'ㅃ, ㄸ, ㄲ'의 철자는 'p, t, k'이다. 한편 철자 'r'가 뒤이어 오는 'pr, tr, kr'와 같은 환경에서 'p, t, k'는 'ㅍ, ㅌ, ㅋ'로 소리 난다. 철자 'c'는 뒤이어 오는 모음에 따라 음가가 'ㅆ'와 'ㄲ'로 달라진다. 이때에도 'cr'처럼 철자 'r'가 뒤이어 오면 'ㅋ'로 된다. 철자 'g' 역시 뒤이은 모음에 따라 'ㅈ'와 'ㄱ'로 음가가 달라진다. 철자 's'도 인접한 철자에 따라 'ㅆ'와 'ㅈ'로 나뉜다. 철자 'ph'는 격음 'ㅍ'인데 'th'는 경음 'ㄸ'이다. 이처럼 프랑스어의 정음법은 굉장히 복잡하고 정서법도

5 / / 부호는 음운론에서 음소, 즉 언어음의 최소 단위를 나타낸다.

아주 어려워 대학입학자격시험에서도 철자 오류가 자주 나타난다. 과연 프랑스인들에게조차 어려운 프랑스어의 철자를 기준으로 한글 표기를 요구할 수 있을까? 결국 우리의 표기 지침은 '귀에 들리는 가장 가까운 소리를 적는다.'로 정할 수밖에 없다. 예를 들면 'bon→봉, pont→뽕, pronom→프로농, don→동, ton→똥, tronc→트롱, gon→공, con→꽁, crône→크론'으로 표기함이 마땅하다.

설문조사에서도 마찬가지 결과를 얻었다. 어휘 내에서 음소 'p, t, k'의 표기를 'ㅃ, ㄸ, ㄲ'로 택한 비율은 각각 88.6%, 86.3%, 90.9%로 압도적으로 높았다. 프랑스어 개별음소의 한글 표기를 묻는 설문조사에서도 'ㅃ, ㄸ, ㄲ' 표기에 대해 각각 82.6%, 90.1%, 85.2%가 동의하였다. 프랑스어 학습유무에 따라서도 결과가 다르게 나타났는데, 비전공자에 비해 프랑스어 특성을 잘 아는 전공자들의 'ㅃ, ㄸ, ㄲ' 선택비율이 각각 95%, 95%, 90%로 비전공자보다 월등히 높았다. 특히 프랑스어 전공자들은 프랑스어 발음과 한글 표기 간에 일대일 대응을 묻는 설문에서 응답자 전원이 'ㅃ, ㄸ, ㄲ' 표기를 선택하였다. 'pr~, tr~, kr~' 표기를 묻는 설문에서 응답자들은 모두 'ㅍ, ㅌ, ㅋ'를 선택하였고 오히려 'ㅍ르, ㅌ르, ㅋ르'와 'ㅍ흐, ㅌ흐, ㅋ흐' 사이에서 고민하였다.

정리하자면 'b, d, g'는 'ㅂ, ㄷ, ㄱ'로, 'p, t, k'는 'ㅃ, ㄸ, ㄲ'로, 'pr~, tr~, kr~' 환경에서는 'ㅍ, ㅌ, ㅋ'로 표기하는 것이 바람직하다고 본다.

p, f

프랑스어에서 무성 폐쇄 양순음 /p/는 대부분 'ㅃ'로 표기되고 철자 'r'가 뒤이어 올 때만 /p^h/로 실현되어 무성 마찰 순치음 /f/와 동일하게 'ㅍ'로 표기된다. 한국어에는 순치음이 없어서 /f/를 나타낼 수 있는 글자가 없기 때문이다. 유성 폐쇄 양순음 /b/와 유성 마찰 순치음 /v/의 경우는 모두 다 'ㅂ'로 표기된다. 한글에는 없는 순치음 /f/와 /v/의 표기 구분을 위해 『훈민정음』 원본에는 있으나 현재 사용하지 않는 사장된 문자를 복원해 내자, 한글에 새로운 문자를 추가하자, 덧부호를 사용하자 등 다양한 의견들이 제시되고 있지만 국가 차원에서는 이를 고려하지 않고 있다. 한글을 보존하고 혼란을 방지하려는 의도일 것이나, 역사적으로 소중한 세계문화유산에 대해 인류는 보존과 활용이 모두 충족될 수 있는 방법을 찾으려는 노력을 계속해 왔음을 생각해 볼 필요도 있다.

따라서 앞으로는 거시적 관점에서 보다 신중한 판단을 해야 할 것이다. 과연 한글을 수정 보완할 필요가 있는지? 그러자면 어떤 득실과 파생 문제가 기다리고 있는지? 인터넷 환경에서는 기존의 덧부호도 생략해야 하는데 새 덧부호를 도입하는 것이 적합한지? 여러 가지 각도에서 면밀히 생각해 보고 심도 있게 논의해 볼 필요가 있다. 휴대 전화의 '천지인' 자판이 한글의 우수성을 더 확장시키고 그 가치를 세계에 알린 것처럼 더욱 발전적인 방안이 나올 수도 있으니 말이다. 자국어에 대해 콧대 높기로 유명한 프랑스인들도 이제 인터넷 환경에서는 덧부호를 포기할 수밖에 없는 실정이다. 덧부호를 덧붙이지 않으면 그 철자는 온전하게 전달되지만 덧부호를 고수하면 해당철자뿐만 아니라 인접철자도 함께 사라져 버리기 때문이다. 아주 먼 미래에 한글과 프랑스어 철자가 어떻게 변해 있을지 궁금해진다.

현재로서는 프랑스어 'p'를 'ㅃ'로 표기하면 'f'와 구분이 되지만 'p(r)'와 'f'는 구분 없이 'ㅍ' 표기를 써야 하고, 'b'와 'v'는 'ㅂ' 표기를 공동으로 쓸 수밖에 없다. 'prend, franc'은 둘 다 '프랑'으로, 'banc, vent'은 둘 다 '방'으로 각각 최소대립쌍을 이루고 있지만 한글 표기는 같이 써야 한다. 고유명사가 아닌 보통 낱말들은 문맥이나 상황으로 보완될 수 있겠으나, 고유명사는 구분이 어렵고 역으로 복원할 때에도 곤란을 겪을 수 있다. 그렇다고 흔히 'figthing'을 '화이팅'으로 쓰듯이 프랑스 이름인 'Florian'을 '흘로리앙'으로 표기한다면 역방향 전환 시에 'ㅎ ⇄ h' 대응관계를 침해하게 된다. 중복표기는 한글에 기호가 더 추가되지 않는 한 해결될 수 없는 문제이므로 양방향 표기 간에 안정적인 대응관계를 침해하는 일은 피하면서 중복표기를 최소화하여야 한다.

'f' 표기에 대한 설문조사 결과를 보면 어휘 내 음가 표기에서는 'ㅍ'에 97%가 동의하였고, 개별음소와 한글 표기 간 대응관계를 묻는 질문에서는 92.6%가 'ㅍ' 표기에 동의하였다. 한글에 새로운 문자를 추가하지 않는 한 'p(r)'와 'f'의 표기는 'ㅍ'일 수밖에 없다.

r, l

외국어를 한글로 표기하려면 우선 해당 외국어와 한글 간에 대응관계를 설정해야 하는데, 이때 소리와 철자 간에 완전한 일치는 불가능하므로 어떤 방법으로든 불일치 부분을 해결해야 한다. 대응관계 설정이 어려운 이유는 외국어의 음가를 나타낼 철자가 한글에 없는 경우, 음가와 철자 간에 유사성이 떨어지는 경우, 외국어의 비슷한 음가 두 개를 한글 철자 하나에 연결해야 할 경우, 한글 철자 하나에 두 가지 음가가 동시에 포함된 경우 등이 있기 때문이다. 게다가 환원문제를 고려하지 않고 대응관계를 단순한 짝짓기로 연결한다면 역방향으로 전환할 때 또 다른 문제가 발생할 수 있다.

프랑스어의 'l, r' 두 발음을 언급하기 전에 한글 'ㄹ'의 음가부터 먼저 살펴보자. '노래'의 'ㄹ', '발'의 'ㄹ', '빨래'의 '(ㄹ)ㄹ', 세 발음을 비교해 보라. '노래'의 '래'와 '발'의 'ㄹ', 즉 초성과 종성의 'ㄹ'는 전혀 다른 소리인데도 동일한 철자를 쓰고 있다. '빨래'의 경우는 두 음절을 하나씩 따로따로 발음한 경우와 두 음절을 이어서 발음한 경우를 비교해 보자. 음절을 분리했을 때와 연결했을 때 각각의 '래'에서 나는 'ㄹ' 발음은 완전히 다른 소리이다. 그러나 한국인은 음성학적으로 다른 소리들을 하나의 철자 'ㄹ'로 표기하는 데 아무런 어려움이 없으며 이 사실을 의식하지도 못한다. 한국어에서는 그 차이가 변별기능을 하지 않기 때문이다. 반면 프랑스어에서 'l'와 'r'는 의미를 분화시키는 다른 음소지만 한국어에서는 철자 'ㄹ' 하나로 두 음가를 동시에 표기해야 한다. 알파벳 언어권에서 'l'와 'r'에 대응되는 한글 철자는 'ㄹ' 하나뿐이기 때문이다. '빨래'의 'ㄹ'는 'l'와 비슷하므로 '노래'의 'ㄹ'는 'r'에 가깝다고 할 수 있겠다. 즉 한국인이 서로 다른 'ㄹ' 음가를 하나의 철자로 표기하고 있음에도 불편함 없이 음성 환경에 따른 발음 차이를 잘 실현하고 또 잘 구분해서 쓰고 있듯이, 한글 철자는 하나이지만 음성 환경을 고려한다면 두 소리의 표기가 크게 어렵지는 않을 것이다.

프랑스어 'l'는 '빨래'의 '래'처럼 '(ㄹ)ㄹ' 발음에 가장 가깝다. 한편 프랑스어 'r'의 발음은 우리말에 없지만 가장 비슷한 초성 'ㄹ'을 대응철자로 쓰고 있다. 그러나 간혹 'ㅎ'를 쓰자는 사람도 있는데 예를 들면 프랑스 도시명 'Rouen'을 '루앙'이 아닌 '후앙'으로 표기하자는 주장이다. 이들의 의도는 프랑스어의 'h'는 아무런 음가가 없어서 'ㅎ' 철자가 놀고 있으니 약한 'ㅎ' 음을 수반한 'r'를 'ㅎ'과 대응시키면 'l'의 대응표기인 'ㄹ'과 충돌하는 문제를 해결할 수 있다는 것이다. 그러나 우리의 목적은 어느 한 언어에 국한된 표기 지침이 아닌 모든 외국어에 대한 보편적 원칙을 전제로 한 개별언어 표기방안 구축이기에 이들의 주장을 수용할 수가 없다. 일반 사용자의 보편성에 우선순위를 둔다면 'h ⇄ ㅎ' 대응관계는 이미 확고하다. 그런데 만약 임의로 그 짝을 바꾼다면 역방향 표기에서 혼란을 일으키게 된다. 예를 들어 한글 '후앙'을 역으로 복원한다면 'ㅎ → r'가 아닌 'ㅎ → h', 즉 'Houen'이 될 것이다. 따라서 'r'를 'ㅎ'로 표기하자는 주장은 안정적인 대응관계를 흔들 뿐만 아니라 별도의 학습을 요구하는 예외규정을 추가하게 되어 수월성 원칙에 위배된다. 앞서 든 'f ⇄ ㅎ' 예처럼 'ㅎ' 음이 섞여 난다고 해서 'f ⇄ ㅎ' 연결이 적합하지 않듯이, 'r ⇄ ㅎ' 연결 역시 양방향 대응관계로 볼 때 좋은 해법이 아님을 알 수 있다. 논의를 종합하면 결국 어중에서는 철자 'l'을 'ㄹㄹ'로, 철자 'r'를 'ㄹ'로 구분 표기한다면 'l'와 'r' 대립관계를 충분히 나타낼 수 있다. 어말인 경우 낱말 마지막 음절 종성 'l'는 후속모음이 없기 때문에 'ㄹ'로 표기하고, 종성 'r'는 초성 음가가 실현되는 조건을 만들어 주어야 하므로 부축모음 'ㅡ'를 붙여 '르'로 표기하면 자연스럽게 종성 'l'와 'r'가 구별된다.

설문조사 결과에서는 현재 'l'와 'r'의 한글 표기가 혼동 상태임을 보여 주고 있어 원칙 정립이 시급하다. 어휘 내 음가 표기를 보면 'l'의 경우 초성에서는 모두 'ㄹ'을 선택하였고, 어중 'l'는 86.2%가 'ㄹㄹ'을, 종성 'l'는 75.3%가 'ㄹ르'를 선택하였다. 'r'의 경우는 초성에서 'ㅎ' 64.9%, 'ㄹ' 34.3%, 그 외 0.8%로 나타났고, 종성에서 '흐' 61.2%, '르' 21.8%, 'ㄹ' 외 17%로 나타났다. 개별음소와 한글 표기 대응관계를 묻는 질문에서는 초성 'r'에 대해 70.5%가 'ㅎ', 29.5%가 'ㄹ'를 선택하였다. 설문결과가 보여 주듯 응답자들은 'l'의 대응표기 'ㄹ'과 구분하기 위해 'r'의 대응표기로 'ㅎ'를 선호하였고 종성의 'l'와 'r' 표기도 '르'와 '흐'로 구분하려고 하였다.

하지만 위의 결과를 그대로 수용할 수 없는 이유가 두 가지 있다. 하나는 앞서 언급했듯이 'r ⇄ ㅎ' 짝짓기가 'h ⇄ ㅎ' 대응관계를 흔

들어서 양방향 전환에서 문제를 야기할 수 있다는 점이고, 다른 하나는 음절 수 증가가 음표기 원칙을 방해할 수 있다는 점이다. '음절 수 증가'에 대해서는 뒤에서 재론하기로 하고, 우선 표기에서 음절 수는 철자만큼이나 중요한 부분을 차지하므로 부득이한 상황을 제외하고는 존중되어야 한다는 것만을 언급해 두기로 한다.

이 문제에 대해 더 많은 연구가 이어져야겠지만 잠정적으로 정리를 하자면 'r'은 초성과 어중에서는 'ㄹ', 종성에서는 '르', 'l'은 초성과 종성에서는 'ㄹ', 어중에서는 'ㄹㄹ'로 표기하는 것이 보편성과 수월성 원칙을 가장 존중한 방안이라 생각한다.

받침 표기

프랑스어에서는 자음을 크게 마찰음과 폐쇄음으로 구분하고, 마찰음 'f, v, s, z, ʃ, ʒ, ʀ, l'는 초성, 종성 구분 없이 동일한 음가를 지닌다. 반면 한국어에서는 자음을 마찰음, 파찰음, 폐쇄음으로 구분하고, 마찰음 'ㅅ, ㅆ, ㅎ'와 파찰음 'ㅈ, ㅊ, ㅉ'는 초성이냐 종성이냐에 따라 다른 음가를 갖는다. 따라서 종성 마찰음은 원음 왜곡을 막기 위해 부득이 부축모음 'ㅡ'를 덧붙여 초성 환경을 만들어 주어야 한다. 예를 들어 마찰음이 종성에 올 때는 받침으로 쓰지 않고 'vif(비프)', 'vive(비브)', 'bis(비스)', 'bise(비즈)'와 같이 초성이 되도록 한다.

한편 폐쇄음은 종성일 경우 약간의 중화현상을 보이지만 초성, 종성 위치에 따른 왜곡은 그리 심하지 않다. 그러나 현행 외래어 표기법에는 받침표기에 지나친 제약을 두어 원음 그대로 표기할 수 있는 부분까지 인위적으로 바꿔 쓰도록 하고 있다. 본래 『훈민정음』에는 초성 17개 자음 모두가 종성, 즉 받침으로 쓰일 수 있다고 명시하고 있고, 그뿐만 아니라 자음 겹쳐 쓰기까지도 허용하고 있다. 그러나 현행 외래어 표기법에서는 'ㄱ, ㄴ, ㄹ, ㅁ, ㅂ, ㅅ, ㅇ' 7개 자음만을 적도록 하는 7종성제약을 두었다. 그동안 정확한 외국어 음표기를 위해서는 이 제약을 폐기해야 한다는 의견이 제기되기도 하였으나 국립국어원은 여전히 이 규정을 고수하고 있다.

그렇지만 우리는 여기서 기존 규정은 잠시 접어 두고 모든 자음 받침을 허용한다는 가정을 한 번 해 보려고 한다. 대부분은 기존 외래어 표기법에 이미 익숙해져 있어서 생소함과 어색함을 느끼겠지만, 일단 거북함을 무릅쓰고 새로운 시도를 해 보자. 영어의 경우 '알파벧', '아웉렡', '인터녵', '픽엎', '슆', '숕', '딮', '숖', '웕숖'과 같이 표기할 수 있을 것이다. 이렇게 표기를 해 나가다 보니 의외로 꽤 많은 이점들이 눈에 들어온다. 우선 '알파벳', '아울렛', '픽업' 대신에 '알파벧', '아웉렡', '픽엎'으로 쓰게 되면 종성의 표기가 드러나기 때문에 외국어 ⇄ 한글 양방향 전환 문제가 쉽게 풀릴 수 있다. 그리고 '십', '숏', '딥', '숍' 대신에 '슆 → 쉬핑', '숕 → 쇼틀리', '딮 → 디플리', '숖 → 쇼핑'과 같이 파생어의 어근이 명시될 수 있어서 형태론적 동질성을 유지해 준다. 받침제약을 풀어서 생기는 또 다른 중요한 이점은 영어 본래의 음절 수에 가깝게 표기할 수 있다는 점이다. '네트워크'의 경우 종성 표시를 위해 부축모음을 붙이게 되면 음절 수가 두 배로 늘어나 4음절이 되지만 받침제약을 풀면 영어처럼 '넽웕' 2음절 표기가 가능해진다. 3음절인 '워크숍'도 영어처럼 2음절 '웕숖'으로 줄일 수 있다. 한국인이 외국어를 배울 때 음절 수 늘이기 습관 때문에 종종 운율 특성을 왜곡시키는데, 이때 생기는 부자연스런 억양도 자동 교정될 수 있다.

프랑스어 한글 표기 불일치에 관한 실제 자료조사에서도 아래 사실을 통해 받침에 적용하는 7종성제약이 불일치의 주된 원인 중 하나임을 확인할 수 있었다.

프랑스어 한글 표기 불일치 사례

Martinique	마르띠니끄, 마르티니크, 마르치닉, 마르트니크, 마르티닠
Mauriac	모리악, 모리야크, 모리약
Cognac	코냑, 꼬냑, 코냐크, 꼬냑
Juliette	쥴리에뜨, 줄리에트, 쥴리엣
Jeannette	쟈엣트, 자넷트, 쟈네뜨, 자넽, 쟈넷

7종성제약으로 종성 폐쇄음 불일치 문제를 해결하려고 노력하였으나 실제로는 효과 없이 혼란만 가중시킨 셈이다. 사용자의 입장을 고려하지 않고 표기규정을 자주 바꾼 국어정책이 제일 큰 원인이

었겠지만, 그 밖에도 원산지음 표기와 동떨어진 규정이 사용자들로 하여금 알면서도 그렇게 쓸 마음이 없어지도록 만들었거나, 아니면 사용자들이 복잡한 규정을 제대로 이해하지 못했기 때문이기도 하다. 이제는 7종성제약 폐기를 논의할 때가 되었다. 유지 근거가 합당하지 않다면 과감히 버리고 사용자의 수월성과 언어 경제성 원칙에 따라 재고함이 옳다. 앞선 예에서 보았듯이 당장의 어색함과 불편함은 있겠지만 이로운 점이 훨씬 더 많고 또 한 세대가 지나가면 자연스럽게 수용될 수 있기 때문이다. 이 원칙을 잠시 프랑스어에 적용해 보자. 'Martinique → 마르띠닠, Mauriac → 모리앜, Cognac → 꼬냨, Juliette → 쥘리에ㄸ, Jeannette → 쟈네ㄸ'. 앗? 자판을 두드리다 보니 불완전하게 결합된 두 글자 '~에ㄸ', '~네ㄸ'와 마주쳐서 난처해졌다. 앞서 가정한 대로 『훈민정음』에 따라 모든 자음 받침이 허용된다면 컴퓨터 자판 조합 역시 연동되어 있기 때문에 현재 사용 중인 한글 코드와 연결하여 해결해야 할 사안이다.

음절 수 증가

말을 구성하는 요소를 살펴보자. 말소리의 최소단위인 음소들이 나란히 연결되어 의미를 지닌 낱말이 되고, 이 낱말들이 규칙에 따라 나열되어 문장이 된다. 구슬을 끼우듯 선으로 연결된 이 단위가 완전한 의미를 지닌 하나의 문장으로 완성되려면 구슬연쇄에 운율이 덧씌워져야 한다. 말에서는 운율요소, 즉 소리의 고저, 강약, 장단의 변화가 필수적이지만 문자로 표기할 때는 약간의 구두점을 사용할 뿐 운율은 한글 철자와는 무관하다. 그러나 여기서 간과하면 안 될 부분은 구슬의 개수, 즉 음절 수가 잠재적인 운율 매개체라는 사실이다. 이 문제가 중요한 이유는 말에서 음절 수를 늘이는 것이 마치 노래 부를 때 박자를 늘이는 것과 같아서 청자의 기대치에 맞지 않으면 청자는 잘못 듣게 되어 의사소통이 어려워지기 때문이다.

따라서 표기법에서도 이를 준수함이 마땅하며 새 표기 지침의 기본 바탕인 원산지음 표기 원칙 안에는 음절 수 증가를 자제해야 한다는 전제가 내포되어 있다. 지금까지는 외래어 한글 표기법에서 음절 수 문제가 등한시되어 왔더라도 새로 구축될 외국어 한글 표기에서는 중요한 요소로 고려되어야 한다. 실제로는 서로 다른 언어 간에 음운제약이 달라 음절 수의 완전한 일치가 불가능하겠지만 적어도 음절 수의 이유 없는 증가는 피하도록 노력해야 한다. 음절에 운율을 제대로 얹을 수 있도록 말이다.

예컨대 7종성제약을 풀면 3~4음절로 늘어났던 '피크닉(picnic)', '네트워크(network)'를 '픽닉', '넽웕'과 같이 2음절로 표기할 수 있다. 그러면 운율문제가 자연스럽게 해결되면서 동시에 종성 음가가 명시되어 역방향 전환문제도 저절로 해결된다. 한편 음절 수 일치가 곤란한 경우를 보면, 우선 영어에서 1음절인 '버스', '슈즈',

'셔츠'의 경우 한글로는 2음절로 표기할 수밖에 없다. 한글 'ㅅ, ㅈ, ㅊ'는 초성이냐 종성이냐에 따라 음가가 완전히 달라져서[6] 부축모음 '으'를 첨가하여 초성으로 음성 환경을 만들어 주지 않으면 종성에서는 해당음가를 나타낼 수가 없다. 음절 수 일치가 어려운 또 다른 이유는 언어 간 음절구조 제약이 다르기 때문이다. 한 음절 내에 자음연쇄를 허용하는 알파벳 언어들과는 달리 한글은 자음·모음·자음(CVC)의 형태가 최대로 허용 가능한 구조이다. 만일 영어에서 흔히 볼 수 있는 $C_1C_2VC_3C_4$ 구조를 한글로 쓰자면 필요에 따라 두 자음 사이에 부축모음 '으'가 부득이 삽입되어야 한다. 이때 삽입되는 부축모음 (v)의 개수와 위치는 음성 환경에 따라 다르다. 예를 들어 'trust', 'trump', 'trouble' 모두 $C_1C_2VC_3C_4$인 1음절 단어지만 한글로 표기하면 'trust'는 '트러스트 $C_1(v)+C_2V+C_3(v)+C_4(v)$' 4음절로, 'trump'는 '트럼프 $C_1(v)+C_2VC_3+C_4(v)$' 3음절로, 'trouble'은 '트러블 $C_1(v)+C_2V+C_3(v)C_4$' 3음절로 표기된다. 그런데 '트럼프'와 '트러블'은 같은 3음절이지만 음절구조가 서로 다르게 구성되었음을 알 수 있다. 한글 표기 시에 음절 수 존중이 기본 원칙이지만 표기가 불가능한 경우에는 최소한의 부축모음만 삽입해야 한다. 다음의 예는 프랑스어 한글 표기에서 음절 수가 어떻게 다르게 나타나는지를 보여 준다.

6 한국어에서 초성 'ㅅ'는 마찰음으로, 초성 'ㅈ, ㅊ'는 파찰음으로 소리 나지만, 종성 'ㅅ, ㅈ, ㅊ'는 모두 폐쇄음 'ㄷ'처럼 실현된다.

프랑스어 한글 표기 음절 수 변화 양상

프랑스어	한글 표기[7]	차세대 한글 표기	음절 수 변화
Jacob	자코브	쟈꼽	2→3→2
Médoc	메도크	메둑	2→3→2
Hugues Capet	위그 카페	윅 까뻬	3→4→3
Jacque Chirac	자크 시라크	쟉 쉬락	3→5→3
Cap de Biot	카프 드 비오	까ㅃ 드 비오	3→5→4
Abdou Diouf	아브두 디우프	압두 듀프	3→6→4

결론적으로 양 언어 간에 음운제약으로 인해 어쩔 수 없는 경우에만 최소한의 부축모음 삽입을 허용하고 그 외에는 원산지음 표기 원칙에 따라 원래의 음절 수를 유지할 수 있는 방법을 최대한 강구할 것과 이를 새 표기 지침의 기본 원칙에 포함시킬 것을 주장한다.

프랑스어 한글 표기 시안

프랑스어 한글 표기 시안을 만들기 위해 준비단계에서 불한번역

7 국립국어원 발행 외래어 용례집

프랑스어 한글 표기 불일치 총정리

자음			모음		반모음	
프랑스어 발음	한글 표기		프랑스어 발음	한글 표기	프랑스어 발음	한글 표기
	모음 앞 (-CV-)	어말(-VC), 자음 앞 ($-VC_1C_2C_3$)				
p	ㅍ, ㅃ	ㅍ, ㅂ, 쁘, 프	i	이	j	이, 유
b	ㅂ	ㅂ, 브	e	에, 애	ɥ	위, 유, 이
t	ㅌ, ㄸ	ㅌ, ㄸ, ㅅ, 트, 뜨	ɛ	에, 애	w	우
d	ㄷ	ㄷ, ㅅ, 드	a	아		
k	ㅋ, ㄲ	ㄱ, ㅋ, ㄲ, 크, 끄	u	우, 유		
g	ㄱ	ㄱ, 그	o	오		
f	ㅍ, ㅎ	ㅍ, ㅂ, 프, 흐	ɔ	오		
v	ㅂ	ㅂ, 브	ɑ	아		
s	ㅅ, ㅆ	ㅅ, ㅆ, 스, 쓰	y	위,유		
z	ㅈ	ㅈ, 즈	ø	외, 으		
ʃ	시, ㅅ	시, 슈, 쉬	ə	어, 으		
ʒ	지, ㅈ	쥬, 주, 지	œ	외, 어		
m	ㅁ	ㅁ, ㅁ므	ɑ̃	앙		
n	ㄴ	ㄴ, ㄴ느	ɔ̃	옹		
ɲ	니, ㄴ	뉴, 니, ㄴ	œ̃	욍, 엉, 앵		
l	ㄹ, ㄹㄹ	ㄹ 르	ɛ̃	엥, 앵, 앙		
ʀ	ㄹ, ㅎ	ㄹ, 르, 흐				

소설과 신문을 대상으로 표기 사례를 수집하였다. 그리고 두 언어 간 음소체계 비교 연구를 거친 후, 실제 자료를 통한 불일치 실태를 한눈에 파악할 수 있도록 조사결과를 왼쪽과 같이 정리하였다.

기록물 분석결과를 토대로 현재 사용자들의 표기 성향을 파악할 수 있도록 설문내용[8]을 작성하고 두 차례의 설문조사를 실시하였다. 1차 설문조사는 프랑스어 전공자 64명을 대상으로 세대별 분포를 고려하여 실시하였고, 2차 설문조사는 프랑스어를 모르는 일반인 64명을 대상으로 검사를 실시하였다. 이메일을 보내 미리 만들어 둔 인터넷 설문사이트 링크주소로 각자 접속할 수 있도록 하고, 먼저 문항을 읽은 뒤 음성아이콘을 눌러 여러 가지 표기 중 가장 가까운 표기를 선택하게 하였다. 설문에 제공된 프랑스어 단어로는 현재 외래어 용례집에 나와 있거나 사용 빈도수가 높은 명사 및 고유명사를 선정하였고 분량은 각 음소별 실현음가를 파악할 수 있도록 음소당 1~3개 단어, 총 66개 단어를 제시하였다. 이어서 프랑스어 한글 표기 음소별 일대일 시안 마련을 위해 음소별로 빈도수가 높은 유사 철자군 가운데서 응답자가 직접 선택할 수 있도록 문항을 준비하였다.

우리의 목표가 외국어 표기법 지침 마련인 만큼 프랑스어 한글 표기에만 국한되어서는 안 되며 공통원칙 구축이라는 관점을 계속 견지해야 한다. 즉 표기대상은 외국에서 이미 들어온, 또는 들어

8 90쪽 설문 1, 95쪽 설문 2, 138쪽 설문 3 참조

오고 있는, 그리고 앞으로 들어올 모든 외국어이다. 이 모든 외국어에 대한 한글 표기가 어느 정도 공통원칙에 따라 진행되려면 원산지음 표기원칙에서부터 시작해야 한다. 이를 토대로 우리가 조사한 1, 2차 설문 결과를 정리하면 다음과 같다. 원산지음의 한글 표기가 가능한 초성 [p], [t], [k], [s]는 된소리 'ㅃ, ㄸ, ㄲ, ㅆ'로 적고, [r] 음이 뒤따르는 [pr~], [tr~], [kr~]의 경우에는 'ㅍ, ㅌ, ㅋ'로 적는다. 받침 음가 전달을 위해 음절증가를 초래하는 부축모음 'ㅡ' 추가사용은 피하고 7종성규칙에도 얽매이지 않는다. 즉 받침으로 'ㅍ, ㅌ, ㅋ'나 'ㅃ, ㄸ, ㄲ'를 수용한다. 외국어로의 복원이나 어휘파생 문제를 고려하면 'ㅃ, ㄸ, ㄲ'를 받침으로 허용하는 것이 유리하지만 현재 사용자들을 대상으로 한 설문조사 결과에 따르면 'ㅃ, ㄸ, ㄲ' 대신 'ㅍ, 뜨, ㄲ'를 선호하였다. 그도 그럴 것이 현행 한국어에서 종성표기로 사용되지 않아 컴퓨터 자판도 종성에서는 지원하지 않는 'ㅃ, ㄸ'와 같은 표기를 개인이 할 수는 없는 일이다. 종성은 초성에 비해 조음력이 약화되므로 귀에는 'ㅂ, ㄷ, ㄱ'로 들리지만, 외국어 ⇄ 한글 양방향 표기 전환 문제를 고려한다면 신중한 검토와 후속 논의가 필요한 부분이다. 프랑스어 마찰음 [s], [z], [ʃ], [ʒ]가 종성으로 발음될 때는 한글 표기가 불가하므로 부축모음을 덧붙여서 초성으로 표기해야 한다. [ʒ]는 복모음이 뒤이어 올 수 있는 환경인 초성에서는 'ㅈ+j'로, 그렇지 못한 종성에서는 '즈'와 구별하기 위해 '쥬'로 표기하고, 종성 [j]는 '이'가 가장 가까운 표기이므로 설문결과를 그대로 수용하였다. [m], [n]는 응답자들이 'ㅁ므, ㄴ느'를 선호했으나 음절구성을 할 수 없는 정도의 약한 부축음이 어말 발음에 곁들여졌고 음절 수 증가도 바람직하지 않으므로 'ㅁ, ㄴ' 표기가 합당하다. 초성 [r]은 초성 [l]와 표기가 중복됨에도 불구하고 'ㅎ' 대신 'ㄹ'을 선택하였다. 그 이유는 앞에서 이미 말했듯이 역방향 복원 시 혼란을 유발시킬 수 있기 때문이다. 모음표기에서는 음소별 음가가 대체로 일치되었으나, [e], [ɛ], [ø], [œ], [œ̃], [ɛ̃] 표기에서는 이견을 보였다. 그러나 프랑스 구어에서 [e]와 [ɛ], [ø]와 [œ], [œ̃]과 [ɛ̃] 각각의 대립은 중화되어 더 이상 구분되지 않기 때문에 순서대로 '에', '외', '앵'으로 표기하였다. 다음 도표는 지금까지의 연구결과와 설문조사를 종합하여 수정한 프랑스어 한글 표기 1차 시안이다.

여기서 분명히 할 사실은 설문조사 결과를 통해 다수가 선택한 항목이 무조건 타당하다고 결론 내리지는 않았다는 점이다. 왜냐하면 피실험자들은 이미 학습을 통해 굳어진 자신의 습관에 따라 무의식적으로 응답했을 뿐, 전문연구자 입장에서 이론적 근거에 따라 숙고해서 판단한 것이 아니기 때문이다. 그러나 이 설문조사는 현재의 사용현황, 불일치 정도, 세대별 선호도를 파악하는 데는 훌륭한 자료가 될 수 있다. 좋은 시안을 만들기 위해서는 기존 규정을 학습한 사용자의 선호도보다는 프랑스어와 한국어의 음운체계를 비교하고 양 언어의 음성학적, 음운론적 틀 안에서 종합적으로 최적화된 조건을 찾으려는 시도가 더 큰 가치를 갖는다. 이를 좀 더 확장시켜 프랑스어 한글 표기 대조표 구축과정과 표기원칙

프랑스어 한글 표기 1차 시안

프랑스어		한글
[p]	초성/어중	ㅃ ([pr-]ㅍ)
	종성	ㅍ, ㅃ
[b]	초성/어중	ㅂ
	종성	ㅂ
[t]	초성/어중	ㄸ ([tr-]ㅌ)
	종성	ㅌ, ㄸ
[d]	초성/어중	ㄷ
	종성	ㄷ
[k]	초성/어중	ㄲ ([kr-]ㅋ)
	종성	ㅋ, ㄲ
[g]	초성/어중	ㄱ
	종성	ㄱ
[f]	초성/어중	ㅍ
	종성	프
[v]	초성/어중	ㅂ
	종성	브
[s]	초성/어중	ㅆ
	종성	쓰

프랑스어	한글
[i]	이
[e]	에
[ɛ]	에
[a] [ɑ]	아
[u]	우
[o] [ɔ]	오
[y]	위
[ø]	외
[ə]	으

프랑스어		한글
[z]	초성/어중	ㅈ
	종성	즈
[m]	초성/어중	ㅁ
	종성	ㅁ
[n]	초성/어중	ㄴ
	종성	ㄴ
[r]	초성/어중	ㄹ
	종성	르
[ʃ]	초성/어중	ㅅ+j
	종성	슈
[ʒ]	초성/어중	ㅈ+j
	종성	쥬
[ɲ]	초성/어중	ㄴ+j
	종성	뉴
[l]	초성	ㄹ
	어중	ㄹㄹ
	종성	ㄹ

프랑스어		한글
[œ]		외
[ɛ̃]		앵
[œ̃]		앵
[ɔ̃]		옹
[ɑ̃]		앙
[j]	어중	이+모음
	종성	이
[ɥ]		위+모음
[w]		우+모음

이 다른 외국어 표기시안을 만들 때에도 함께 고려되기를 바란다. 그 과정은 험난하고 어렵겠지만 보편성을 잃지 않고 공통의 기준을 최대한 공유하려고 노력한다면 일관된 원칙을 더 많이 확보할 수 있을 것이다. 외래어 표기법 때문에 겪는 반복되는 혼란과 증가하는 사회문제를 다음 세대에게는 더 이상 전가하지 않도록 서둘러 노력하는 후손들에게 줄 수 있는 시의적절한 선물이 아니겠는가.

프랑스어로의 복원

한글로 표기된 프랑스 어휘를 다시 프랑스어로 복원하는 역방향 전환 문제를 배제하고 프랑스어 한글 표기 문제만을 생각해서는 안 된다. 역방향 전환은 우선 프랑스어 한글 표기 시안을 검증하기 위한 방법으로써 중요한 역할을 하므로 프랑스어 한글 표기의 타당성을 확장하고 확고히 하는 데 반드시 필요하다. 더 나아가서는 프랑스어 ⇄ 한글 양방향 자동변환 시스템을 구축하고, 넓게는 외국어 ⇄ 한글 양방향 자동변환 시스템 구축까지도 기대할 수 있다.

먼저 우리가 구축한 프랑스어 한글 표기 시안의 타당성 확보를 위해 사전검토 절차를 밟았다. 프랑스인 1명과 한국인 1명에게 프랑스어 한글 표기 1차 시안에 따라 한글로 표기한 단어를 프랑스어로 복원하게 하는 간단한 검증이었다. 실험용 자료체[9]에는 프랑스어를 구성하는 음소가 모두 포함되도록 총 65개 어휘를 담았다. 피실험자 중 프랑스인은 2년 전에 한국에 와서 상주하면서 첫해 1년간 한국어를 정식으로 배웠고, 한국인은 대학에서 프랑스 문학을 전공하고 박사학위를 위해 프랑스에서 8년간 체류하였다. 설문결과 프랑스인은 전체 65개 항목 중 61개를 프랑스어로 복원시켰고, 한국인은 100% 모두 환원시켰으므로 예비타당성조사에서는 수용할 만한 결과가 나왔다고 볼 수 있다. 외국인 피실험자 입장에서는 한국어에 대한 이해가 완전하지 못한 데다 두 언어 간에 해결하기 어려운 음운제약으로 인한 표기 한계가 있었다. 더구나 설문이 전후 맥락 없이 단일어휘 형태로 제시되어 문맥 유추도 불가능하였다. 이러한 점을 감안한다면 반자음 부분을 제외한 프랑스어 한글 표기 시안에 대한 타당성은 일단 확보되었다. 그렇지만 양 언어의 음운체계와 음운제약 차이로 인해 생기는 불완전한 대응관계는 계속 고민해야 할 과제이기 때문에 프랑스인 피실험자가 복원하지 못한 부분을 검토하고 그 이유를 밝혀야 한다. 설문지 답란을 비워 둔 네 어휘는 '구아슈(gouache), 뢰이(l'œil), 므씨외(monsieur), 피이(fille)'인데 그 원인은 바로 [w], [j] 반자음 때문이었다.

9 146쪽 설문 4 참조

프랑스인 복원 실패 어휘와 음절 수 변화

프랑스어	한글 표기	음절 수 변화
gouache	구아슈	1→3
l'œil	뢰이	1→2
monsieur	므씨외	2→3
fille	피이	1→2

프랑스어에서 반자음은 자음으로 간주되어 다른 모음과 함께 한 음절을 구성하는 반면, 한국어 음절구조는 한 음절 내에 자음이 연이어 올 수 없게 되어 있다. 따라서 반자음 [w]는 '우'로, 반자음 [j]는 '이'로 각각 음절을 구성하는 모음이 하나씩 추가되니 당연히 음절 수가 늘어나고, 음절 수가 달라지니 프랑스인으로서는 해당 어휘를 유추하기가 어려웠던 것이다. 위 예는 한국어 음절구조제약으로 인한 표기 한계를 보여 주기도 하지만, 한편으로는 음절 수 증가가 복원을 어렵게 하는 주요 요인임을 증명하는 예이기도 하다. 또한 앞 장[10]에서 이미 언급한 바와 같이 외국어 한글 표기에서 음절 수는 최대한 존중되어야 한다는 주장을 뒷받침해 준다.

지금까지 연구과정을 통해 프랑스어 한글 표기에서 역방향 복원 문제를 함께 고려함으로써 표기안의 타당성 확보는 물론이고 더 나아가서는 프랑스어 ⇄ 한글 양방향 자동변환 가능성을 열어 놓았다.

10 68쪽 '음절 수 증가' 장 참조

따라서 관련 전공자들이 공동으로 온라인상에서 프랑스어 ⇄ 한글 자동변환 기능이나 자동교열 기능을 수행하는 '한프 양방향 표기전환' 프로젝트를 시작해야 할 때이다. 이미 1999년에 문화관광부에서 마련한 '프랑스어 한글 자동전사 프로그램'이 있기는 하지만 근본적으로 해결해야 할 문제를 안고 있다. 역방향 전환의 필요성을 간과한 현행 외래어 표기법에 따라 전사하였기에 역방향 전환기능을 구현하는 것은 불가능하다. 따라서 기존 틀에서 벗어난 새로운 개념의 프로젝트 추진이 요구되고 동시에 공통된 원칙에 따라 다른 외국어에 대한 표기도 동일 프레임 안에서 추진되어야 그 가치가 극대화될 것이다.

새로운 외국어 표기 지침을 세우기 위한 기본원칙으로 지금까지 이야기한 내용을 다시 정리해 보면 다음 일곱 가지로 요약된다.

첫째, 현재용이 아닌 차세대용 표기 지침을 만들자.
둘째, 외래어가 아닌 외국어 표기 지침을 만들자.
셋째, 소리 중심의 원산지음을 그대로 표기하자.
넷째, 외국어 본래의 음절 수를 존중하자.
다섯째, 한글자모의 모든 조합을 허용하자.
여섯째, 종성을 왜곡하는 7종성제약을 해제하자.
일곱째, 외국어 ⇄ 한글 양방향 전환이 되게 하자.

당장에는 생소하고 엉뚱해 보이는 이 제안이 새로운 계기가 되어 우선 가능한 한 빠른 시일 내에 공동연구의 기틀이 마련된다면, 그리고 우리의 주장이 숙고의 과정을 거쳐서 최적화된 원칙과 지침으로 완성된다면, 그래서 다음 세대에는 외국어 ⇄ 한글 양방향 자동 변환시스템이 원활하게 구동될 수 있게 된다면 우리 겨레의 지혜와 얼이 담긴 한글이 지구촌 문화유산으로 우뚝 서게 되리라.

03.

프랑스어 한글 표기 사례 조사

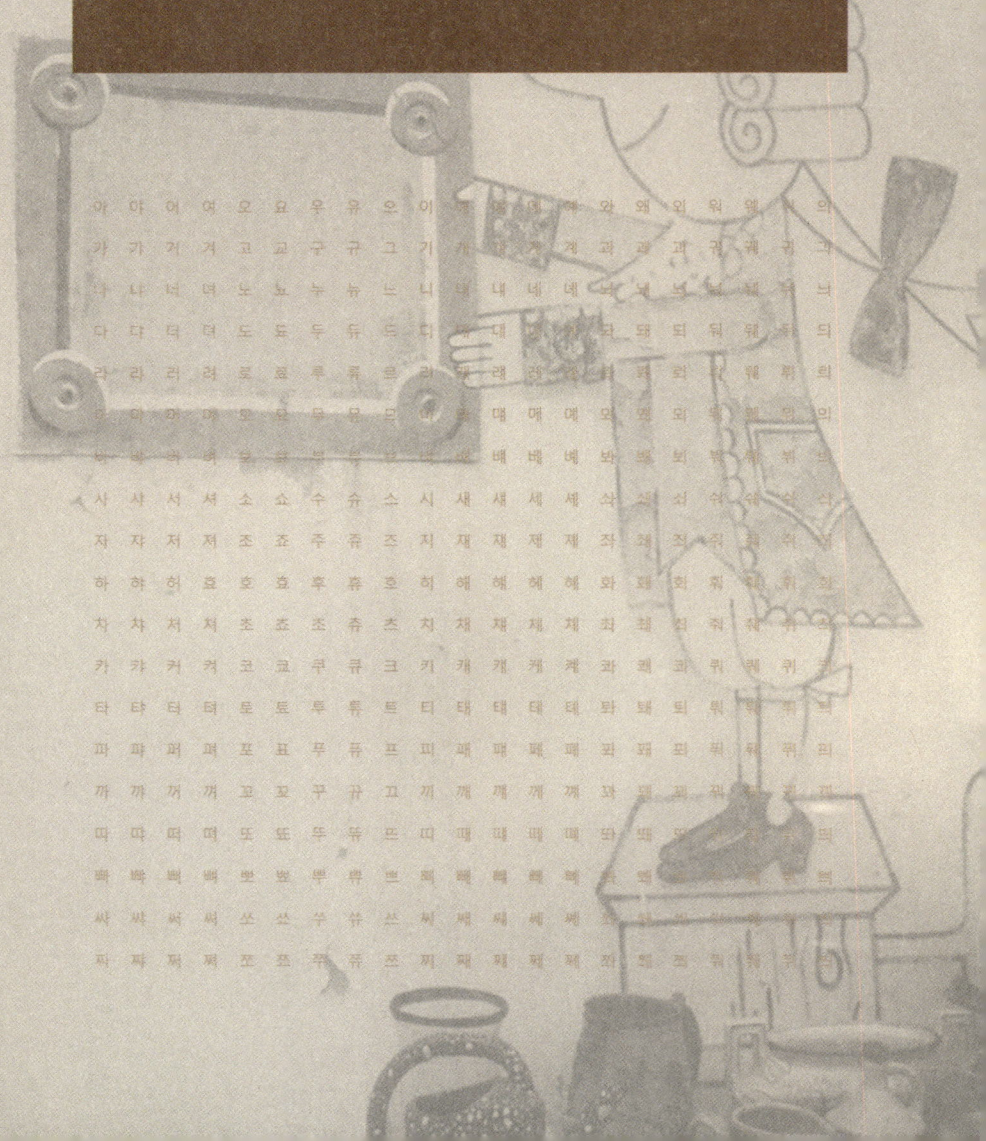

기록물 자료

프랑스어 한글 번역서 및 한국 신문 시대별 검토자료

안(기간) / 제목	1940년 안 (1940~1947)	1948년 안 (1948~1957)	1958, 1960, 1963년 안 (1958~1968)	1969년 안 (1969~1985)	1986년 안 (1986~현재)
『이방인』				홍순민(1970) 하동훈(1977) 이휘영(1977) 홍순민(1980) 김병일(1983) 박근재(1985)	이윤석(1986) 정소성(1993) 김용훈(1997) 유선영(2005) 김화영(2006)
『좁은 문』			오현우(1959)	박은수(1974) 이휘영(1974) 오현우(1977) 방곤(1985)	박종서(1986) 남정숙(1987) 홍승완(1988) 이휘영(1988) 지성찬(1989) 이동렬(1990) 조순복(1993) 김학민(1993) 편집부(1994) 윤승태(1994) 신동수(1994) 방곤(1996) 김정아(2001) 김영은(2003) 김옥란(2003) 오현우(2004)
『여자의 일생』		박영신(1954)	박광선(1963) 양원달(1964)	이춘복(1975) 방곤(1977)	임해진(1989) 이승재(1992) 손석린(1994) 성송미(2000) 신인영(2005)
『나나』			정명환(1962)	김치수(1971) 정봉구(1973)	김인환(2008)
『춘희』			손수성(1959)	손우성(1978)	임현택(1992)
『삼총사』		민정호(1954)			
신문	조선일보 2종 동아일보 1종 한국일보 1종	조선일보 1종 경향신문 1종			

기록물 조사결과 시대별 불일치 대조표

자음

음절 내 위치 / 음성 기호	모음 앞					어말					자음 앞				
	1940년 안	1948년 안	1958, 1960, 1963년 안	1969년 안	1986년 안	1940년 안	1948년 안	1958, 1960, 1963년 안	1969년 안	1986년 안	1940년 안	1948년 안	1958, 1960, 1963년 안	1969년 안	1986년 안
[p]	ㅃ, ㅂ	ㅃ, ㅍ, ㅂ	ㅃ, ㅍ	ㅃ, ㅍ, ㄸ	ㅃ, ㅍ, ㅂ	ㅂ	프	ㅍ	프, ㅍ	프	프, 푸	푸	쁘, ㅍ	프, 쁘	프, 쁘, 브
[b]	ㅂ, ㅃ	ㅂ, ㅃ	ㅂ	ㅂ	ㅂ	ㅂ	ㅂ	ㅂ	ㅂ, 브, 비아	브, 비아	브, 뿌	부	부, 브	브, 부	브, 부
[t]	ㅌ	ㄸ, ㅌ, ㄷ, ㅅㅊ, ㅈ, ㅊ, ㅎ	ㄸ, ㅌ, ㅅㄸ	ㄸ, ㅌ	ㄸ, ㅌ, ㄷ, ㅈ, ㅊ	ㅅ트	ㅅ트, ㅅ드, 트	뜨, 트, 떼, 테	뜨, 트, 테, ㅅ	뜨, 트, ㅅ, 테	트	트	뜨, 트	뜨, 트, 터	뜨, 트, 드, 터
[d]	ㄷ	ㄷ	ㄷ	ㄷ	ㄸ, ㄷ, ㅌ	드, 트	ㅅ, 드	드	드	드	드	드	드	드	드, 데
[k]	ㅋ ㄱ	ㄲ, ㅋ, ㄱ	ㄲ	ㄲ, ㅋ, ㄱ	ㄲ, ㅋ, ㄱ	크	ㄱ, ㄱ크	끄, 끄에	끄, ㄱ크, 크, ㄱ, 키아, 크에, ㅋ	끄, 크, ㄱ, 크르, 키아, 크에	ㄱ, 크	ㄱ	ㄱ, 끄	ㄱ, 끄, 크	ㄱ, 끄, 크
[g]	ㄱ, ㄲ	ㅋ, ㄲ	ㄱ	ㄱ	ㄱ, ㅋ	ㄱ, 그					그			그	그
[f]	ㅍ	ㅍ	ㅍ	ㅍ, ㅃ	ㅍ, ㅎ						ㅍ프	푸	프	프	프
[v]	ㅂ, ㅃ	ㅂ	ㅂ	ㅂ	ㅂ	브	브		브	브	브	브, 부	브	브	브
[z]	ㅈ	ㅈ	ㅈ	ㅈ	ㅈ	쓰		즈, 지, 사	즈, 지아, 지, 사, 자	즈, 지아, 자, 시, 지, 사	스		즈	즈	즈

음절 내 위치 / 음성 기호	모음 앞					어말					자음 앞				
	1940년 안	1948년 안	1958, 1960, 1963년 안	1969년 안	1986년 안	1940년 안	1948년 안	1958, 1960, 1963년 안	1969년 안	1986년 안	1940년 안	1948년 안	1958, 1960, 1963년 안	1969년 안	1986년 안
[ʒ]	ㅈ, ㅈ+j	ㅅ, ㅈ, ㅈ+j, ㅉ+j	ㅈ, ㅈ+j	ㅈ, ㅈ+j	ㅈ, ㅈ+j	쥬	쥬		즈,쥬	즈,쥐	쥬		쥬	주,즈	즈,쥬
[s]	ㅅ, ㅆ	ㅅ, ㅆ, ㅅㅊ ㅅㅅ	ㅆ, ㅅㅅ, ㅊ, ㅈ	ㅅ, ㅆ, ㅅㅅ, ㅇ, ㅊ, ㅈ	ㅅ, ㅆ, ㅅㅅ, ㅎ, ㅊ, ㅈ	스,쓰	스	스	스	ㄱ스, 스	스	스	스	스	스,쓰
[ʃ]	ㅅ, ㅅ+j		ㅅ+j, 쉬+j	ㅅㅅ, ㅅㅈ, ㅆ+j, ㅅ+j	ㅅ, ㅅ+j	쉬	슈	슈	슈,시	셰,쉬, 슈,세	슈		슈,쓔	슈,쉬, 셔	슈,쉬, 시
[n]	ㄴ	ㄴ	ㄴ	ㄴ, ㄴㄴ	ㄴ, ㄴㄴ	ㄴ	ㄴ, ㄴ누, 누	ㄴ,느	ㄴ, 너스, 나스, ㄴ느, 느	ㄴ, 너스, ㄴ느, 느나, 옹	ㄴ				
[m]	ㅁ ㅁㅁ	ㅁ	ㅁ	ㅁ, ㅁㅁ	ㅁ ,ㅁㅁ	ㅁ	ㅁ	ㅁ므	ㅁ,므, ㅁ므	ㅁ,므, ㅁ므					
[l]	ㄹ	ㄹ, ㄹㄹ	ㄹㄹ	ㄹ, ㄹㄹ	ㄹ, ㄹㄹ	ㄹ	ㄹ,루	ㄹ, ㄹ르	ㄹ,르, ㄹ르	ㄹ,르, ㄹ르		ㄹ	ㄹ르	ㄹ, ㄹ르	ㄹ, ㄹ르
[r]	ㄹ	ㄹ	ㄹ	ㄹ, ㄹㄹ	ㄹ, ㄹㄹ		ㄹ,루	르	르	ㄹ,르	르	ㄹ, 르,루	르	ㄹ,르	ㄹ,르
[ɲ]		ㄴ, ㄴ+j	ㄴ, ㄴ+j	ㄴ, ㄴ+j				뉴 인	뉴,옹, 인	ㄴ,옹, 뉴, 인					

모음

<table>
<tr><th rowspan="2">음절 내 위치 / 음성 기호</th><th colspan="5">(자음)+모음</th><th rowspan="2">음절 내 위치 / 음성 기호</th><th colspan="5">(-)모음+모음(-)</th></tr>
<tr><th>1940년 안</th><th>1948년 안</th><th>1958, 1960, 1963년 안</th><th>1969년 안</th><th>1986년 안</th><th>1940년 안</th><th>1948년 안</th><th>1958, 1960, 1963년 안</th><th>1969년 안</th><th>1986년 안</th></tr>
<tr><td>[i]</td><td>에,이,
이-,
의</td><td>이,에,
우,
아이,
에이</td><td>이,
이이에</td><td>이,위,
아,
이이,
이에,
이아</td><td>이,위,
으,아,
이아,
이에,
에,
이이</td><td>[w]
[wɑ]
[wi]</td><td>위</td><td>에,
오아</td><td>우아,
위</td><td>오아,
으와,
우아,
우와아,
으와,
위</td><td>오아,
우아,
으와,
으워,
으아,
위</td></tr>
<tr><td>[e]</td><td>에,
에-</td><td>에,아이</td><td>에</td><td>에이,웨,
이에,
으</td><td>에,어,
에이</td><td rowspan="2">[j]
[jɔ̃]
[je]
[jɔ]
[jø]
[ju]
[jɑ]</td><td rowspan="2">이유</td><td rowspan="2">이야,
유,
이유</td><td rowspan="2">이유,이,
이옹,
이욘,
이에</td><td rowspan="2">유,
이유,에,
이,
옹,
이옹,
이온,
이욘,
요느,
이욘느,
용,
이에,이,
요,
이외,유,
유으,
유,이유</td><td rowspan="2">이유,
유,
옹,
이옹,
이온,
이욘,
이욘느,
용,욘이,
에,
이에,
예,아,
이,
요,
유이외,
유,이유</td></tr>
<tr><td>[ɛ]</td><td>아,
애</td><td>에</td><td>에,
에에</td><td>에,이,
애,웨,
에이,에,
에,
이이</td><td>에,어,
에이</td></tr>
<tr><td>[a]</td><td>아</td><td>아,애</td><td>아,에</td><td>아,오,
에,애,
어,
에이,
아아</td><td>아,오,
어,에,
애,
에이</td><td></td><td></td><td></td><td></td><td></td><td></td></tr>
<tr><td>[ɑ]</td><td>아</td><td>아</td><td>에,애</td><td>에,아,
애,
아아</td><td>에,아,애</td><td></td><td></td><td></td><td></td><td></td><td></td></tr>
<tr><td>[ɔ]</td><td>오-</td><td>오,
아오</td><td>으,오</td><td>오,으,
오오</td><td>오,어,
으,워,
오오</td><td></td><td></td><td></td><td></td><td></td><td></td></tr>
</table>

음절 내 위치 / 음성 기호	(자음)+모음					음절 내 위치 / 음성 기호	(-)모음+모음(-)				
	1940 년 안	1948 년 안	1958, 1960, 1963 년 안	1969 년 안	1986 년 안		1940 년 안	1948 년 안	1958, 1960, 1963 년 안	1969 년 안	1986 년 안
[o]	오, 오-	오	오	오,외, 오오, 호	오,웨, 호						
[u]	우	우,유	으,우	우, 우우, 으	우,으						
[ə]	애	으,우,유	으	으,어,우	으,우						
[ø]		유	위	에우, 오이, 외,유	에우, 오이, 외,위, 유						
[œ]		유	으,외,웨	외에,외, 외외,우, 웨, 외에,	에,이, 웨,외,						
[y]	유	유	유	유,위,우	위,이, 아,우, 으,유						
[ɛ̃]	앙		앵	앙,앵,오	앵,어, 앙,오						
[œ̃]											
[ɑ̃]		앙,안, 암,아	앙,난, 안,옹, 엔	앙,난, 엘,웰, 안,옹, 앰,엔	앙,엠, 엔,안, 아,옹, 앤						
[ɔ̃]	온	옹,온	옹	옹,온, 옴	옹,웡, 온,원, 옴						

설문 1

1. 외래어를 한글로 표기해야 할 일이 있을 때 어떻게 하십니까?(다른 의견이 있으면 기타란에 입력)

- ☐ 1. 해당 원음에 가깝게 표기한다.
- ☐ 2. 국립국어원 홈페이지에서 검색한다.
- ☐ 3. 인터넷 지식검색창에서 찾아본다.
- ☐ 4. 주위 사람에게 물어본다.
- ☐ 5. 기타(그 외 의견이 있으면 기타란에 입력해 주세요.)

• 프랑스어 전공자

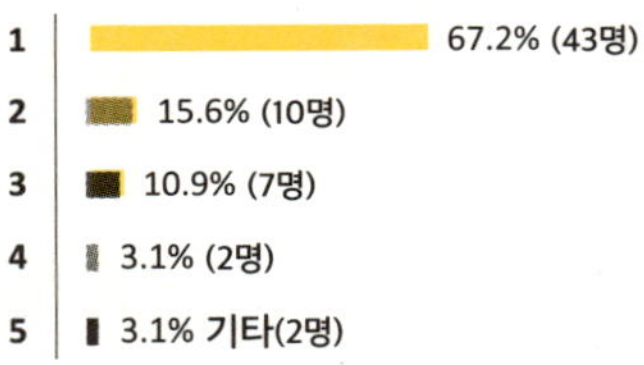

• 프랑스어 비전공자

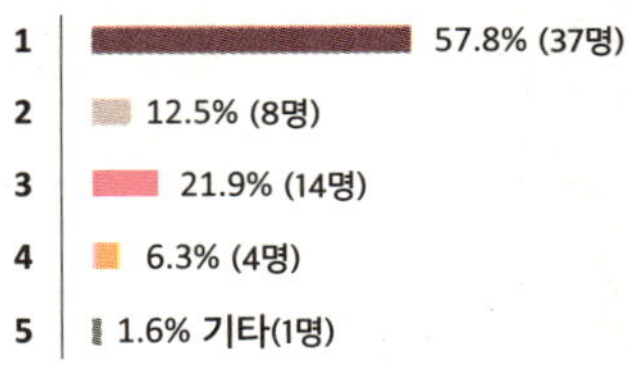

기타 응답	외래어 표기법에 준해서 표기 해당 원음에 가깝게 표기 외래어 표기법 개선해야 함

2. 현행 외래어 표기법의 문제점에 모두 클릭하고, 혹 다른 의견이 있으면 기타란에 입력해 주세요.

☐ 1. 외래어 표기법에 따르면 해당 원음과 거리가 먼 표기가 종종 나타난다.

☐ 2. 외래어 용례집에 수록된 표기중 수용하기 어려운 표기들이 다수 있다.

☐ 3. 외래어와 외국어 구분이 어렵다.

☐ 4. 프랑스어 표기법이 영어에 바탕을 두고 있어서 체계 자체에 일관성이 없다.

☐ 5. 동일한 어휘에 대해 여러 가지 한글 표기를 혼용하고 있어서 혼란스럽다.

☐ 6. 외래어 표기법에 대한 홍보가 부족하다.

☐ 7. 기타(그 외 의견이 있으면 기타란에 입력해 주세요.)

• 프랑스어 전공자

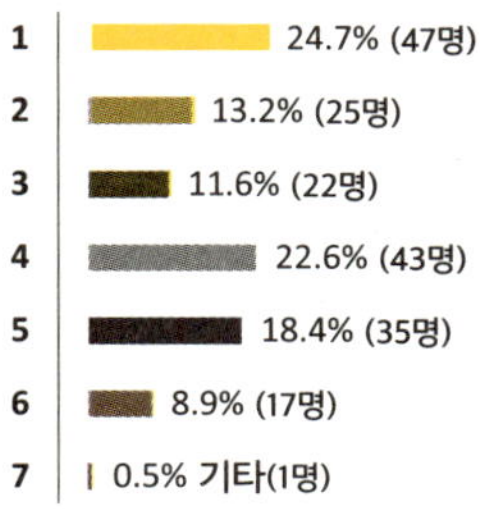

• 프랑스어 비전공자

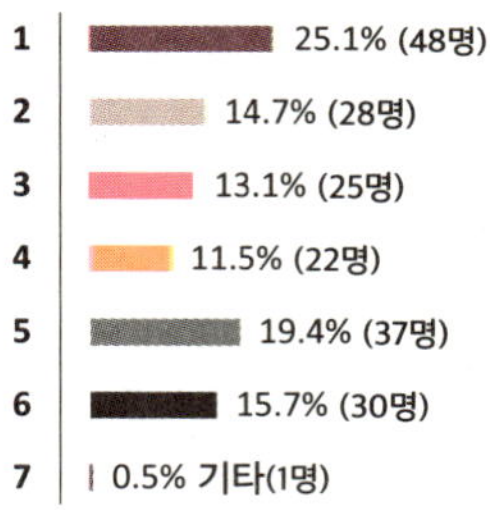

기타 응답	발음 나는 대로 표기 된소리 표기 어색함

3. 문제 해결을 위해 가능한 방안에 모두 클릭하고, 혹 다른 의견이 있으면 기타란에 입력해 주세요.

☐ 1. 먼저 외래어와 외국어 경계를 명확히 구분해야 한다.

☐ 2. 사용자 실태를 직접 조사해서 외래어목록을 재정비한다.

☐ 3. 국립국어원 홈페이지에서 외래어 목록집을 쉽게 검색할 수 있게 한다.

☐ 4. 외래어 표기법은 국립국어원 검색서비스를 이용하고, 언어별 외국어 표기법(프랑스어 편)을 신설한다.

☐ 5. 외국어 표기법은 해당원음에 따른 표기를 원칙으로 한다.

☐ 6. 사용자 수월성을 고려해 현 통용 표기를 한시적으로 허용하면서, 차세대 권장형 한 가지를 제시한다.

☐ 7. 기타(그 외 의견이 있으면 기타란에 입력해 주세요.)

• 프랑스어 전공자

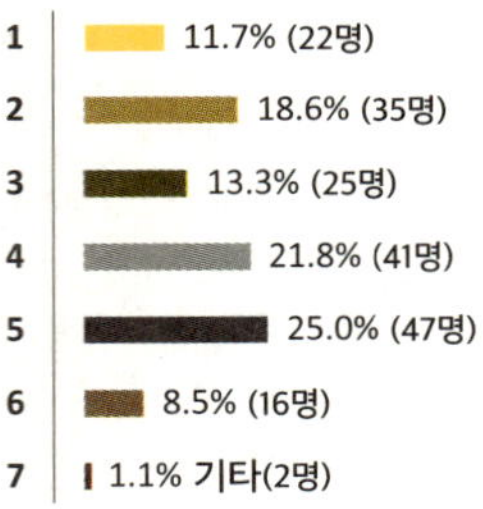

• 프랑스어 비전공자

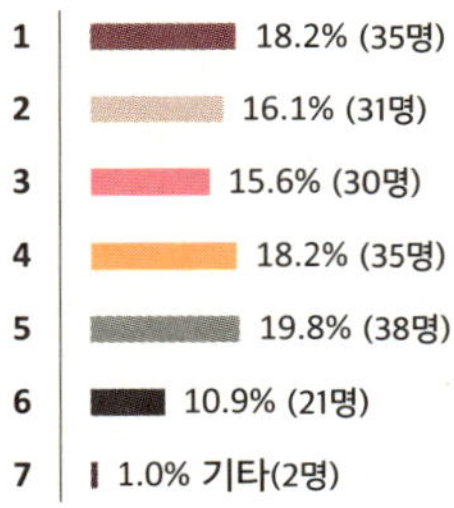

기타 응답	원음에 가깝게 적되 복잡한 이중모음, 종성자음에 대한 고려 요망 프랑스어의 영어식 표기 잘못, 수정 요망 프랑스어 'P, T, K'를 'ㅍ, ㅌ, ㅋ'가 아닌 'ㅃ, ㄸ, ㄲ'로 표기해야 함 외래어 표기법이 이해하기 어려우므로 누구나 이해하기 쉽게 개정해야 함

4. 본 연구 결과 외래어 표기법 공포시기와 사용자 세대 간에 유의미한 상관관계가 나타났음을 전제로 현대 디지털 정보화 사회에서 사용자 불편에도 불구하고 외래어 표기법이 반드시 통일되어야 한다면 기존 외래어 표기법을 재정비하기 위해 어느 세대에 초점을 맞추는 것이 좋다고 생각합니까?

☐ 1. 50세 이상　☐ 2. 30~49세

☐ 3. 10~29세　☐ 4. 기타______

• 프랑스어 전공자

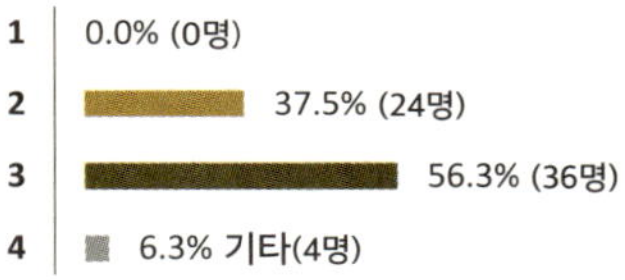

• 프랑스어 비전공자

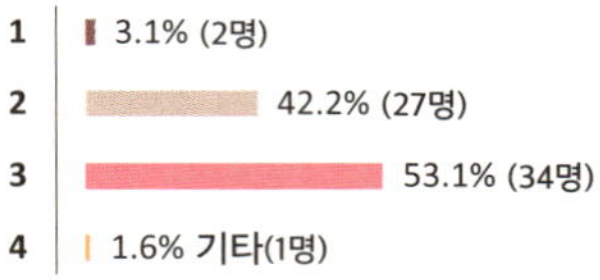

기타 응답	공포 시기와 세대 간 적용 차이 무의미 20~30세 나이와 무관 활동인구 연령대

프랑스어 전공자와 비전공자 응답 종합 결과

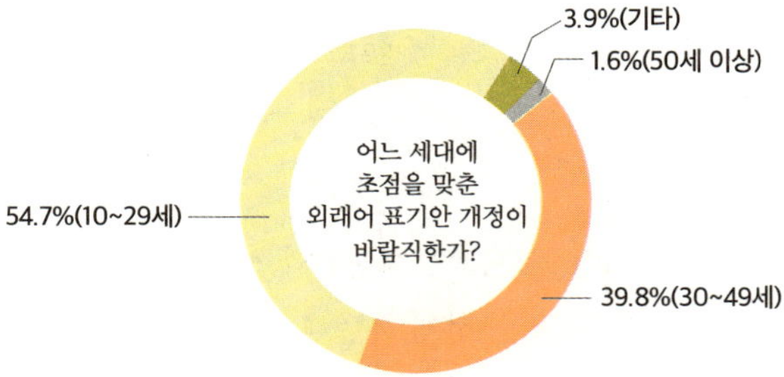

5. 귀하의 연령은 어디에 속하십니까?

□ 50세 이상

□ 30~49세

□ 10~29세

□ 기타______

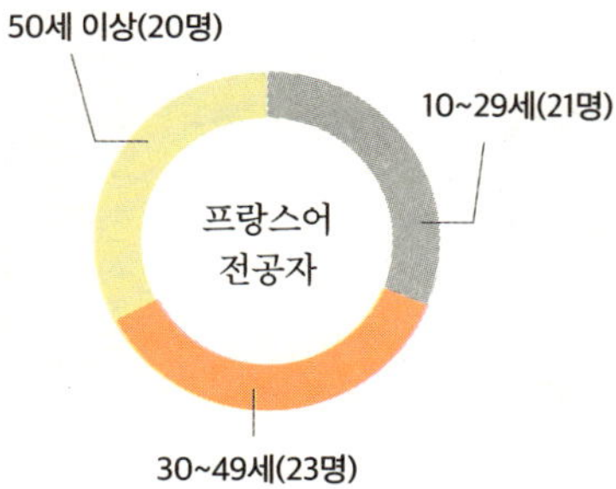

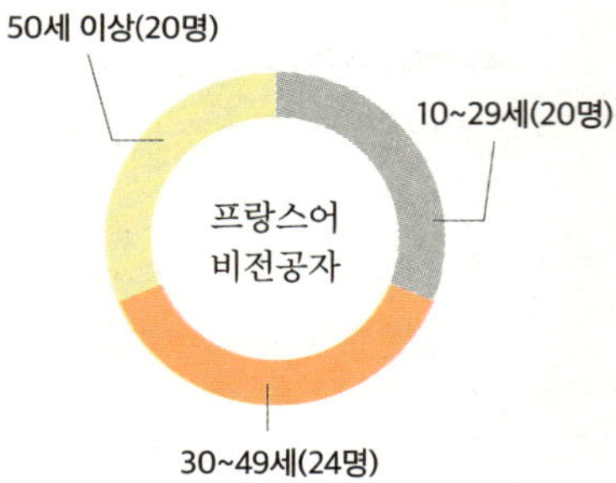

설문 2*

다음은 현재 외래어 용례집(프랑스어)에 나와 있거나 예상 가능한 프랑스어 한글 표기들을 제시하고 있습니다. 아이콘( )을 눌러 발음을 듣고 가장 적합하다고 생각되는 한글 표기에 클릭해 주세요(적당한 표기가 없을 경우는 기타란에 직접 입력해 주세요).

전공자 설문지

1. Paris	□ 빠리 □ 파리 □ 빠히 □ 파히 □ 기타
2. entrée	□ 앙트레 □ 앙트헤 □ 기타
3. Hugues Capet	□ 윅 까뻬 □ 윅 카페 □ 위그 까뻬 □ 위그 카페 □ 기타
4. Genève	□ 쥬넵 □ 주넵 □ 쥬네브 □ 주네브 □ 기타
5. élégie	□ 엘레지 □ 앨래지 □ 에레지 □ 애래지 □ 기타
6. alcôve	□ 알꼽 □ 알콥 □ 알꼬브 □ 알코브 □ 기타

* 1차 설문에서 전공자들이 선택한 표기들 중 타당한 표기 예들로만 재구성하여 비전공 일반인들에게 2차 설문조사를 실시하였다.

7. Provence ☐ 프로방쓰 ☐ 프로방스 ☐ 프호방쓰
☐ 프호방스 ☐ 기타

8. berceau ☐ 벡쏘 ☐ 벡소 ☐ 베르쏘 ☐ 베르소
☐ 베흐쏘 ☐ 베흐소 ☐ 기타

9. faille ☐ 파이 ☐ 파유 ☐ 하유 ☐ 하이 ☐ 기타

10. étiquette ☐ 에띠껱 ☐ 에띠껫 ☐ 에티켓 ☐ 에띠께뜨
☐ 에티케트 ☐ 기타

11. saignant ☐ 쎄냥 ☐ 쎄낭 ☐ 세냥 ☐ 세낭 ☐ 기타

12. providence ☐ 프로비당쓰 ☐ 프로비당스 ☐ 프호비당쓰
☐ 프호비당스 ☐ 프로비던스 ☐ 기타

13. objet ☐ 옵제 ☐ 오브제 ☐ 기타

14. hip ☐ 잎 ☐ 입 ☐ 이쁘 ☐ 이프 ☐ 기타

15. ballade ☐ 발랕 ☐ 발랏 ☐ 바랕 ☐ 바랏 ☐ 발라드
☐ 바라드 ☐ 기타

16. Médoc ☐ 메듁 ☐ 메됵 ☐ 메독 ☐ 메도끄
☐ 메도크 ☐ 기타

17. robe ☐ 롭 ☐ 홉 ☐ 로브 ☐ 호브 ☐ 기타

18. Seine ☐ 쎈 ☐ 센 ☐ 쎈느 ☐ 쎄느 ☐ 센느
☐ 세느 ☐ 기타

19. conte ☐ 꽁뜨 ☐ 콩트 ☐ 기타

20. aubade ☐ 오받 ☐ 오밧 ☐ 오바드 ☐ 기타

21. idéologues ☐ 이데올록 ☐ 이데오록 ☐ 이데올로그
☐ 이데오로그 ☐ 기타

22. mistral ☐ 미스트랄 ☐ 미스트라르 ☐ 미스트할
☐ 미스트하르 ☐ 기타

23. Balzac ☐ 발잒 ☐ 발작 ☐ 발작 ☐ 발자끄
☐ 발자크 ☐ 기타

24. atelier ☐ 아뜰리에 ☐ 아뜨리에 ☐ 아틀리에
☐ 아트리에 ☐ 기타

25. faïence ☐ 파이앙쓰 ☐ 파이앙스 ☐ 하이앙쓰
☐ 하이앙스 ☐ 기타

26. crayon ☐ 크레용 ☐ 크레이옹 ☐ 크레이용 ☐ 크헤용
☐ 크헤이옹 ☐ 크헤이용 ☐ 기타

27. balle ☐ 발 ☐ 발르 ☐ 바르 ☐ 기타

28. restaurant ☐ 레쓰또랑 ☐ 레스토랑 ☐ 헤쓰또랑
☐ 헤스토랑 ☐ 레쓰또항 ☐ 레스토항 ☐ 기타

29. Nîmes ☐ 님 ☐ 님므 ☐ 니므 ☐ 기타

30. Dijon ☐ 디죵 ☐ 디종 ☐ 기타

31. invar — □ 앵발 □ 엥발 □ 앵바르 □ 엥바르 □ 앵바흐 □ 엥바흐 □ 기타

32. chemise — □ 슈미즈 □ 쉬미즈 □ 시미즈 □ 기타

33. pavane — □ 빠반 □ 파반 □ 빠반느 □ 빠바느 □ 파반느 □ 파바느 □ 기타

34. Normandie — □ 놀망디 □ 노르망디 □ 노흐망디 □ 기타

35. Somme — □ 쏨 □ 솜 □ 쏨므 □ 쏘므 □ 솜므 □ 소므 □ 기타

36. marquises — □ 막끼즈 □ 마르끼즈 □ 마흐끼즈 □ 마르키즈 □ 마흐키즈 □ 기타

37. Cannes — □ 깐 □ 칸 □ 깐느 □ 까느 □ 칸느 □ 카느 □ 기타

38. Montaigne — □ 몽떼뉴 □ 몽떼녀 □ 몽테뉴 □ 몽테녀 □ 기타

39. Drôme — □ 드롬 □ 드롬므 □ 드로므 □ 드홈 □ 드홈므 □ 드호므 □ 기타

40. Dordogne — □ 돌도뉴 □ 돌도녀 □ 도르도뉴 □ 도르도녀 □ 도흐도뉴 □ 도흐도녀 □ 기타

41. genre — □ 쟝르 □ 장르 □ 쟝흐 □ 장흐 □ 기타

42. gouache — □ 구아슈 □ 구아쉬 □ 구아시 □ 기타

43. l'œil ☐ 뢰이 ☐ 뢰유 ☐ 러이 ☐ 러유 ☐ 기타

44. détaché ☐ 데따셰 ☐ 데따세 ☐ 데타셰 ☐ 데타세 ☐ 기타

45. passage ☐ 빠싸쥬 ☐ 빠싸주 ☐ 빠싸지 ☐ 파사쥬
☐ 파사주 ☐ 파사지 ☐ 기타

46. ancien ☐ 앙씨앵 ☐ 앙씨엥 ☐ 앙시앵 ☐ 앙시엥 ☐ 기타

47. montage ☐ 몽따쥬 ☐ 몽따주 ☐ 몽따지 ☐ 몽타쥬
☐ 몽타주 ☐ 기타

48. bavarois ☐ 바바루아 ☐ 바바루와 ☐ 바바후아
☐ 바바후와 ☐ 기타

49. Chopin ☐ 쇼뺑 ☐ 쇼뼁 ☐ 소뺑 ☐ 소뼁 ☐ 쇼팽
☐ 쇼펭 ☐ 소팽 ☐ 소펭 ☐ 기타

50. début ☐ 데뷔 ☐ 데부 ☐ 데뷰 ☐ 기타

51. foie gras ☐ 푸아그라 ☐ 푸와그라 ☐ 후아그라
☐ 후와그라 ☐ 푸아그하 ☐ 푸와그하 ☐ 기타

52. deux ☐ 되 ☐ 더 ☐ 기타

53. monsieur ☐ 무슈 ☐ 므씨외 ☐ 므씨어 ☐ 므시외
☐ 므시어 ☐ 기타

54. Verdun ☐ 베르댕 ☐ 베르뎅 ☐ 베르덩 ☐ 베르됭 ☐ 기타

55. un ☐ 앵 ☐ 엥 ☐ 엉 ☐ 욍 ☐ 기타

56. buffet ☐ 뷔페 ☐ 부페 ☐ 뷰페 ☐ 뷔헤 ☐ 부헤 ☐ 뷰헤 ☐ 기타

57. aiguille ☐ 에귀이 ☐ 에귀유 ☐ 에기이 ☐ 에기유 ☐ 기타

58. Renault ☐ 르노 ☐ 러노 ☐ 흐노 ☐ 허노 ☐ 기타

59. jupon ☐ 쥐뽕 ☐ 주뽕 ☐ 쥬뽕 ☐ 쥐퐁 ☐ 주퐁 ☐ 쥬퐁 ☐ 즈봉 ☐ 기타

60. toi ☐ 뚜아 ☐ 뚜와 ☐ 투아 ☐ 투와 ☐ 기타

61. fille ☐ 피이 ☐ 피유 ☐ 피으 ☐ 히이 ☐ 히유 ☐ 히으 ☐ 기타

62. nuit ☐ 뉘 ☐ 뉘이 ☐ 뉴 ☐ 기타

63. Yonne ☐ 욘 ☐ 이온 ☐ 욘느 ☐ 이온느 ☐ 기타

64. bouillon ☐ 부용 ☐ 부이용 ☐ 부이옹 ☐ 기타

65. feu ☐ 푀 ☐ 퍼 ☐ 회 ☐ 허 ☐ 기타

66. Marseille ☐ 막쎄이 ☐ 막세이 ☐ 마르쎄이 ☐ 마르쎄유 ☐ 마흐쎄이 ☐ 마흐쎄유 ☐ 마흐세이 ☐ 마흐세유 ☐ 마르세이 ☐ 마르세유 ☐ 기타

비전공자 설문지

1. Paris ☐ 빠리 ☐ 파리 ☐ 빠히 ☐ 기타

2. entrée ☐ 앙트레 ☐ 앙트헤 ☐ 기타

3. Hugues Capet ☐ 윅 까뻬 ☐ 위그 까뻬 ☐ 위그 카페 ☐ 기타

4. Genève ☐ 쥬네브 ☐ 주네브 ☐ 기타

5. élégie ☐ 엘레지 ☐ 앨래지 ☐ 에레지 ☐ 기타

6. alcôve ☐ 알꼬브 ☐ 알코브 ☐ 기타

7. Provence ☐ 프로방쓰 ☐ 프로방스 ☐ 프호방쓰 ☐ 기타

8. berceau ☐ 벡쏘 ☐ 베르쏘 ☐ 베르소 ☐ 베흐쏘 ☐ 기타

9. faille ☐ 파이 ☐ 파유 ☐ 파이으 ☐ 파이유 ☐ 기타

10. étiquette ☐ 에띠껱 ☐ 에티켓 ☐ 에띠께뜨 ☐ 기타

11. saignant ☐ 쎄냥 ☐ 세냥 ☐ 기타

12. providence ☐ 프로비당쓰 ☐ 프로비당스 ☐ 프호비당쓰 ☐ 프호비당스 ☐ 기타

13. objet ☐ 옵제 ☐ 오브제 ☐ 기타

14. hip ☐ 잎 ☐ 입 ☐ 이쁘 ☐ 이프 ☐ 기타

15. ballade ☐ 발랃 ☐ 발랏 ☐ 발라드 ☐ 바라드 ☐ 기타

16. Médoc ☐ 메돆 ☐ 메돜 ☐ 메독 ☐ 메도끄
☐ 메도크 ☐ 기타

17. robe ☐ 롭 ☐ 홉 ☐ 로브 ☐ 호브 ☐ 기타

18. Seine ☐ 쎈 ☐ 센 ☐ 쎈느 ☐ 센느 ☐ 기타

19. conte ☐ 꽁뜨 ☐ 콩트 ☐ 기타

20. aubade ☐ 오받 ☐ 오밧 ☐ 오바드 ☐ 기타

21. idéologues ☐ 이데올록 ☐ 이데올로그 ☐ 이데오로그 ☐ 기타

22. mistral ☐ 미스트랄 ☐ 미스트할 ☐ 기타

23. Balzac ☐ 발쟊 ☐ 발잨 ☐ 발작 ☐ 발자끄
☐ 발자크 ☐ 기타

24. atelier ☐ 아뜰리에 ☐ 아뜨리에 ☐ 아틀리에 ☐ 기타

25. faïence ☐ 파이앙쓰 ☐ 파이앙스 ☐ 기타

26. crayon ☐ 크레용 ☐ 크레이옹 ☐ 크레이용
☐ 크헤이옹 ☐ 기타

27. balle ☐ 발 ☐ 발르 ☐ 기타

28. restaurant ☐ 레쓰또랑 ☐ 레스토랑 ☐ 헤쓰또랑
☐ 헤쓰또항 ☐ 기타

29. Nîmes ☐ 님 ☐ 님므 ☐ 기타

30. Dijon ☐ 디죵 ☐ 디종 ☐ 기타

31. invar ☐ 앵발 ☐ 앵바르 ☐ 엥바르 ☐ 앵바흐 ☐ 기타

32. chemise ☐ 슈미즈 ☐ 쉬미즈 ☐ 기타

33. pavane ☐ 빠반 ☐ 빠반느 ☐ 빠바느 ☐ 파반느 ☐ 기타

34. Normandie ☐ 노르망디 ☐ 노흐망디 ☐ 기타

35. Somme ☐ 쏨 ☐ 쏨므 ☐ 솜므 ☐ 기타

36. marquises ☐ 막끼즈 ☐ 마르끼즈 ☐ 마흐끼즈
☐ 마르키즈 ☐ 기타

37. Cannes ☐ 깐 ☐ 칸 ☐ 깐느 ☐ 칸느 ☐ 꺈느 ☐ 기타

38. Montaigne ☐ 몽떼뉴 ☐ 몽떼녀 ☐ 몽테뉴 ☐ 기타

39. Drôme ☐ 드롬 ☐ 드롬므 ☐ 드홈 ☐ 드홈므 ☐ 기타

40. Dordogne ☐ 돌도뉴 ☐ 도르도뉴 ☐ 도흐도뉴
☐ 도흐도녀 ☐ 기타

41. genre ☐ 쟝르 ☐ 장르 ☐ 쟝흐 ☐ 장흐 ☐ 기타

42. gouache ☐ 구아슈 ☐ 구아쉬 ☐ 기타

43. l'œil ☐ 뢰이 ☐ 뢰유 ☐ 러이 ☐ 기타

44. détaché ☐ 데따셰 ☐ 데따쉐 ☐ 데타셰 ☐ 기타

45. passage ☐ 빠싸쥬 ☐ 빠싸주 ☐ 파사쥬 ☐ 기타

46. ancien ☐ 앙씨앵 ☐ 앙씨엥 ☐ 앙시앵 ☐ 앙시엥 ☐ 기타

47. montage ☐ 몽따쥬 ☐ 몽따주 ☐ 몽타쥬 ☐ 몽타주 ☐ 기타

48. bavarois ☐ 바바루아 ☐ 바바루와 ☐ 바바후아
☐ 바바후와 ☐ 기타

49. Chopin ☐ 쇼뺑 ☐ 쇼뼁 ☐ 쇼팽 ☐ 기타

50. début ☐ 데뷔 ☐ 데뷰 ☐ 기타

51. foie gras ☐ 푸아그라 ☐ 푸와그라 ☐ 퐈그라
☐ 푸와그하 ☐ 기타

52. deux ☐ 되 ☐ 더 ☐ 두 ☐ 기타

53. monsieur ☐ 무슈 ☐ 므씨외 ☐ 므씨어 ☐ 기타

54. Verdun ☐ 베르댕 ☐ 베르뎅 ☐ 베르덩 ☐ 베르됭
☐ 베흐덩 ☐ 기타

55. un ☐ 앵 ☐ 엥 ☐ 엉 ☐ 욍 ☐ 기타

56. buffet ☐ 뷔페 ☐ 부페 ☐ 기타

57. aiguille ☐ 에귀이 ☐ 에귀유 ☐ 에귀이으 ☐ 기타

58. Renault ☐ 르노 ☐ 흐노 ☐ 기타

59. jupon ☐ 쥐뽕 ☐ 쥬뽕 ☐ 쥐퐁 ☐ 기타

60. toi ☐ 뚜아 ☐ 뚜와 ☐ 똬 ☐ 기타

61. fille ☐ 피이 ☐ 피유 ☐ 피으 ☐ 피이으 ☐ 기타

62. nuit ☐ 뉘 ☐ 뉘이 ☐ 기타

63. Yonne ☐ 욘 ☐ 욘느 ☐ 기타

64. bouillon ☐ 부용 ☐ 부이용 ☐ 부이옹 ☐ 기타

65. feu ☐ 푀 ☐ 퍼 ☐ 프 ☐ 기타

66. Marseille ☐ 막쎄이 ☐ 마르쎄이 ☐ 마르쎄유 ☐ 마흐쎄이
☐ 마흐쎄유 ☐ 마르세유 ☐ 기타

프랑스어 한글 표기 설문결과(30세 미만 세대)*

1. Paris

	전공자		비전공자
1	28.6% 빠리(6명)	1	20.0% 빠리(4명)
2	4.8% 파리(1명)	2	15.0% 파리(3명)
3	66.7% 빠히(14명)	3	60.0% 빠히(12명)
4	0.0% 파히(0명)	4	5.0% 기타_빨힐(1명)
5	0.0% 기타(0명)		

2. entrée

	전공자		비전공자
1	28.6% 앙트레(6명)	1	20.0% 앙트레(4명)
2	57.1% 앙트헤(12명)	2	55.0% 앙트헤(11명)
3	4.8% 기타_앙트히(1명)	3	5.0% 기타_앙트기(1명)
	4.8% 기타_엉트헤(1명)		5.0% 기타_앙트리(1명)
	4.8% 기타_엉트히(1명)		10.0% 기타_앙트히(2명)
			5.0% 기타_어트히(1명)

* 설문 1, 2, 3을 전체 세대에 걸쳐 조사하고 어휘별 그래프를 모두 작성하였으나 그 분량이 너무 많아서 이 책에는 30세 미만 세대에 대한 분석결과만 제시하였다.

	전공자		비전공자

3. Hugues Capet

	전공자		비전공자
1	9.5% 윅 까뻬(2명)	1	10.0% 윅 까뻬(2명)
2	4.8% 윅 카페(1명)	2	70.0% 위그 까뻬 (14명)
3	66.7% 위그 까뻬(14명)	3	5.0% 위그 카페(1명)
4	14.3% 위그 카페(3명)	4	5.0% 기타_위그 카뻬(1명)
5	4.8% 기타_위그 까페(1명)		10.0% 기타_위그 꺄뻬(2명)

4. Genève

	전공자		비전공자
1	9.5% 쥬넵(2명)	1	70.0% 쥬네브(14명)
2	0.0% 주넵(0명)	2	10.0% 주네브(2명)
3	85.7% 쥬네브(18명)	3	5.0% 기타_슈네브(1명)
4	4.8% 주네브(1명)		5.0% 기타_져네브(1명)
5	0.0% 기타(0명)		5.0% 기타_좌녜브(1명)
			5.0% 기타_줴네브((1명)

5. élégie

	전공자		비전공자
1	57.1% 엘레지(12명)	1	60.0% 엘레지(12명)
2	23.8% 앨래지(5명)	2	5.0% 앨래지(1명)
3	14.3% 에레지(3명)	3	20.0% 에레지(4명)
4	4.8% 애래지(1명)	4	5.0% 기타_엘리지(1명)
5	0.0% 기타(0명)		5.0% 기타_이히지(1명)
			5.0% 기타_일리쥐(1명)

	전공자	비전공자

6. alcôve

	전공자	비전공자
1	4.8% 알꼽(1명)	90.0% 알꼬브(18명)
2	9.5% 알콥(2명)	10.0% 알코브(2명)
3	85.7% 알꼬브(18명)	0.0% 기타(0명)
4	0.0% 알코브(0명)	
5	0.0% 기타(0명)	

7. Provence

	전공자	비전공자
1	0.0% 프로방쓰(0명)	10.0% 프로방쓰(2명)
2	28.6% 프로방스(6명)	15.0% 프로방스(3명)
3	47.6% 프호방쓰(10명)	75.0% 프호방쓰(15명)
4	19.0% 프호방스(4명)	0.0% 기타(0명)
5	4.8% 기타_프ㄹ호방쓰(1명)	

8. berceau

	전공자	비전공자
1	42.9% 벡쏘(9명)	25.0% 벡쏘(5명)
2	14.3% 벡소(3명)	25.0% 베르쏘(5명)
3	14.3% 베르쏘(3명)	0.0% 베르소(0명)
4	0.0% 베르소(0명)	50.0% 베흐쏘(10명)
5	28.6% 베흐쏘(6명)	0.0% 기타(0명)
6	0.0% 베흐소(0명)	
7	0.0% 기타(0명)	

	전공자		비전공자

9. faille

	전공자		비전공자
1	57.1% 파이(12명)	1	25.0% 파이(5명)
2	38.1% 파유(8명)	2	5.0% 파유(1명)
3	0.0% 하유(0명)	3	40.0% 파이으(8명)
4	0.0% 하이(0명)	4	30.0% 파이유(6명)
5	4.8% 기타_파이(으+유)(1명)	5	0.0% 기타(0명)

10. étiquette

	전공자		비전공자
1	9.5% 에띠겔(2명)	1	15.0% 에띠겔(3명)
2	4.8% 에띠껫(1명)	2	25.0% 에티켓(5명)
3	4.8% 에티켓(1명)	3	60.0% 에띠께뜨(12명)
4	81.0% 에띠께뜨(17명)	4	0.0% 기타(0명)
5	0.0% 에티케트(0명)		
6	0.0% 기타(0명)		

11. saignant

	전공자		비전공자
1	81.0% 쎄냥(17명)	1	80.0% 쎄냥(16명)
2	4.8% 쎄낭(1명)	2	10.0% 세냥(2명)
3	9.5% 세냥(2명)	3	10.0% 기타_쎄뇽(2명)
4	0.0% 세낭(0명)		
5	4.8% 기타_쎄니엉(1명)		

전공자	비전공자

12. providence

	전공자		비전공자
1	19.0% 프로비당쓰(4명)	1	30.0% 프로비당쓰(6명)
2	19.0% 프로비당스(4명)	2	5.0% 프로비당스(1명)
3	52.4% 프호비당쓰(11명)	3	40.0% 프호비당쓰(8명)
4	9.5% 프호비당스(2명)	4	25.0% 프호비당스(5명)
5	0.0% 프로비던스(0명)	5	0.0% 기타(0명)
6	0.0% 기타(0명)		

13. objet

	전공자		비전공자
1	14.3% 옵제(3명)	1	15.0% 옵제(3명)
2	85.7% 오브제(18명)	2	85.0% 오브제(17명)
3	0.0% 기타(0명)	3	0.0% 기타(0명)

14. hip

	전공자		비전공자
1	38.1% 잎(8명)	1	40.0% 잎(8명)
2	19.0% 입(4명)	2	20.0% 입(4명)
3	33.3% 이쁘(7명)	3	25.0% 이쁘(5명)
4	9.5% 이프(2명)	4	10.0% 이프(2명)
5	0.0% 기타(0명)	5	5.0% 기타_입쁘(1명)

전공자 | 비전공자

15. ballade

전공자

1. 4.8% 발랕(1명)
2. 4.8% 발랏(1명)
3. 4.8% 바랕(1명)
4. 0.0% 바랏(0명)
5. 76.2% 발라드(16명)
6. 9.5% 바라드(2명)
7. 0.0% 기타(0명)

비전공자

1. 0.0% 발랕(0명)
2. 10.0% 발랏(2명)
3. 75.0% 발라드(15명)
4. 10.0% 바라드(2명)
5. 5.0% 기타_발라더(1명)

16. Médoc

전공자

1. 4.8% 메돆(1명)
2. 4.8% 메돜(1명)
3. 42.9% 메독(9명)
4. 33.3% 메도끄(7명)
5. 14.3% 메도크(3명)
6. 0.0% 기타(0명)

비전공자

1. 0.0% 메돆(0명)
2. 0.0% 메돜(0명)
3. 20.0% 메독(4명)
4. 15.0% 메도끄(3명)
5. 50.0% 메도크(10명)
6. 5.0% 기타_메도키(1명)
   5.0% 기타_미도끄(1명)
   5.0% 기타_민도큐(1명)

17. robe

전공자

1. 0.0% 롭(0명)
2. 14.3% 홉(3명)
3. 4.8% 로브(1명)
4. 81.0% 호브(17명)
5. 0.0% 기타(0명)

비전공자

1. 0.0% 롭(0명)
2. 0.0% 홉(0명)
3. 15.0% 로브(3명)
4. 85.0% 호브(17명)
5. 0.0% 기타(0명)

18. Seine

	전공자	비전공자
1	0.0% 쎈(0명)	35.0% 쎈(7명)
2	9.5% 센(2명)	10.0% 센(2명)
3	76.2% 쎈느(16명)	40.0% 쎈느(8명)
4	0.0% 쎄느(0명)	15.0% 센느(3명)
5	14.3% 센느(3명)	0.0% 기타(0명)
6	0.0% 세느(0명)	
7	0.0% 기타(0명)	

19. conte

	전공자	비전공자
1	76.2% 꽁뜨(16명)	60.0% 꽁뜨(12명)
2	23.8% 콩트(5명)	40.0% 콩트(8명)
3	0.0% 기타(0명)	0.0% 기타(0명)

20. aubade

	전공자	비전공자
1	9.5% 오받(2명)	15.0% 오받(3명)
2	0.0% 오밧(0명)	0.0% 오밧(0명)
3	90.5% 오바드(19명)	85.0% 오바드(17명)
4	0.0% 기타(0명)	0.0% 기타(0명)

21. idéologues

	전공자	비전공자
1	9.5% 이데올록(2명)	10.0% 이데올록(2명)
2	0.0% 이데오록(0명)	80.0% 이데올로그(16명)
3	85.7% 이데올로그(18명)	5.0% 이데오로그(1명)
4	4.8% 이데오로그(1명)	5.0% 기타_이데올로기(1명)
5	0.0% 기타(0명)	

	전공자		비전공자

22. mistral

	전공자		비전공자
1	14.3% 미스트랄(3명)	1	10.0% 미스트랄(2명)
2	4.8% 미스트라르(1명)	2	90.0% 미스트할(18명)
3	81.0% 미스트할(17명)	3	0.0% 기타(0명)
4	0.0% 미스트하르(0명)		
5	0.0% 기타(0명)		

23. Balzac

	전공자		비전공자
1	4.8% 발쟉(1명)	1	0.0% 발쟉(0명)
2	4.8% 발좍(1명)	2	0.0% 발좍(0명)
3	23.8% 발작(5명)	3	30.0% 발작(6명)
4	52.4% 발자끄(11명)	4	50.0% 발자끄(10명)
5	14.3% 발자크(3명)	5	20.0% 발자크(4명)
6	0.0% 기타(0명)	6	0.0% 기타(0명)

24. atelier

	전공자		비전공자
1	81.0% 아뜰리에(17명)	1	65.0% 아뜰리에(13명)
2	19.0% 아뜨리에(4명)	2	25.0% 아뜨리에(5명)
3	0.0% 아틀리에(0명)	3	0.0% 아틀리에(0명)
4	0.0% 아트리에(0명)	4	5.0% 기타_아뜨리이(1명)
5	0.0% 기타(0명)		5.0% 기타_아뜰리이(1명)

	전공자	비전공자

25. faïence

	전공자	비전공자
1	57.1% 파이앙쓰(12명)	45.0% 파이앙쓰(9명)
2	38.1% 파이앙스(8명)	50.0% 파이앙스(10명)
3	0.0% 하이앙쓰(0명)	5.0% 기타_빠이앙스(1명)
4	0.0% 하이앙스(0명)	
5	4.8% 기타_파이엉스(1명)	

26. crayon

	전공자	비전공자
1	4.8% 크레용(1명)	20.0% 크레용(4명)
2	14.3% 크레이옹(3명)	10.0% 크레이옹(2명)
3	19.0% 크레이용(4명)	30.0% 크레이용(6명)
4	23.8% 크헤용(5명)	35.0% 크헤이옹(7명)
5	19.0% 크헤이옹(4명)	5.0% 기타_크헤용(1명)
6	19.0% 크헤이용(4명)	
7	0.0% 기타(0명)	

27. balle

	전공자	비전공자
1	9.5% 발(2명)	40.0% 발(8명)
2	90.5% 발르(19명)	60.0% 발르(12명)
3	0.0% 바르(0명)	0.0% 기타(0명)
4	0.0% 기타(0명)	

전공자	비전공자

28. restaurant

전공자

1 0.0% 레쓰또랑(0명)
2 19.0% 레스토랑(4명)
3 42.9% 헤쓰또랑(9명)
4 4.8% 헤스토랑(1명)
5 0.0% 레쓰또항(0명)
6 4.8% 레스토항(1명)
7 4.8% 기타_헤스또항(1명)
4.8% 기타_헤스토항(1명)
4.8% 기타_헤스토헝(1명)
14.3% 기타_헤쓰또항(3명)

비전공자

1 0.0% 레쓰또랑(0명)
2 10.0% 레스토랑(2명)
3 5.0% 헤쓰또랑(1명)
4 85.0% 헤쓰또항(17명)
5 0.0% 기타(0명)

29. Nîmes

전공자

1 4.8% 님(1명)
2 95.2% 님므(20명)
3 0.0% 니므(0명)
4 0.0% 기타(0명)

비전공자

1 40.0% 님(8명)
2 60.0% 님므(12명)
3 0.0% 기타(0명)

30. Dijon

전공자

1 76.2% 디죵(16명)
2 23.8% 디종(5명)
3 0.0% 기타(0명)

비전공자

1 80.0% 디죵(16명)
2 20.0% 디종(4명)
3 0.0% 기타(0명)

	전공자		비전공자

31. invar

	전공자		비전공자
1	19.0% 앵발(4명)	1	10.0% 앵발(2명)
2	0.0% 엥발(0명)	2	10.0% 앵바르(2명)
3	0.0% 앵바르(0명)	3	0.0% 엥바르(0명)
4	28.6% 엥바르(6명)	4	50.0% 앵바흐(10명)
5	19.0% 앵바흐(4명)	5	5.0% 기타_아바르(1명)
6	23.8% 엥바흐(5명)		5.0% 기타_아바하(1명)
7	9.5% 기타_엉바흐(2명)		5.0% 기타_아바흐(1명)
			15.0% 기타_앙바흐(3명)

32. chemise

	전공자		비전공자
1	95.2% 슈미즈(20명)	1	70.0% 슈미즈(14명)
2	4.8% 쉬미즈(1명)	2	30.0% 쉬미즈(6명)
3	0.0% 시미즈(0명)	3	0.0% 기타(0명)
4	0.0% 기타(0명)		

33. pavane

	전공자		비전공자
1	14.3% 빠반(3명)	1	30.0% 빠반(6명)
2	4.8% 파반(1명)	2	55.0% 빠반느(11명)
3	61.9% 빠반느(13명)	3	15.0% 빠바느(3명)
4	4.8% 빠바느(1명)	4	0.0% 파반느(0명)
5	14.3% 파반느(3명)	5	0.0% 기타(0명)
6	0.0% 파바느(0명)		
7	0.0% 기타(0명)		

	전공자	비전공자

34. Normandie

	전공자	비전공자
1	14.3% 놀망디(3명)	10.0% 노르망디(2명)
2	14.3% 노르망디(3명)	90.0% 노호망디(18명)
3	71.4% 노호망디(15명)	0.0% 기타(0명)
4	0.0% 기타(0명)	

35. somme

	전공자	비전공자
1	9.5% 쏨(2명)	45.0% 쏨(9명)
2	0.0% 솜(0명)	50.0% 쏨므(10명)
3	81.0% 쏨므(17명)	5.0% 솜므(1명)
4	4.8% 쏘므(1명)	0.0% 기타(0명)
5	4.8% 솜므(1명)	
6	0.0% 소므(0명)	
7	0.0% 기타(0명)	

36. marquises

	전공자	비전공자
1	14.3% 막끼즈(3명)	20.0% 막끼즈(4명)
2	19.0% 마르끼즈(4명)	0.0% 마르끼즈(0명)
3	61.9% 마호끼즈(13명)	70.0% 마호끼즈(14명)
4	4.8% 마르키즈(1명)	5.0% 마르키즈(1명)
5	0.0% 마호키즈(0명)	5.0% 기타_마호끼(1명)
6	0.0% 기타(0명)	

	전공자		비전공자

37. Cannes

	전공자		비전공자
1	0.0% 깐(0명)	1	0.0% 깐(0명)
2	0.0% 칸(0명)	2	5.0% 칸(1명)
3	85.7% 깐느(18명)	3	20.0% 깐느(4명)
4	0.0% 까느(0명)	4	0.0% 칸느(0명)
5	4.8% 칸느(1명)	5	65.0% 꺈느(13명)
6	0.0% 카느(0명)	6	5.0% 기타_걘(1명)
7	9.5% 기타_꺈느(2명)		5.0% 기타_잔느(1명)

38. Montaigne

	전공자		비전공자
1	76.2% 몽떼뉴(16명)	1	60.0% 몽떼뉴(12명)
2	9.5% 몽떼녀(2명)	2	25.0% 몽떼녀(5명)
3	9.5% 몽테뉴(2명)	3	10.0% 몽테뉴(2명)
4	0.0% 몽테녀(0명)	4	5.0% 기타_모떼뉴(1명)
5	4.8% 기타_몽뗀느(1명)		

39. Drôme

	전공자		비전공자
1	4.8% 드롬(1명)	1	0.0% 드롬(0명)
2	14.3% 드롬므(3명)	2	15.0% 드롬므(3명)
3	0.0% 드로므(0명)	3	70.0% 드홈(14명)
4	14.3% 드홈(3명)	4	15.0% 드홈므(3명)
5	61.9% 드홈므(13명)	5	0.0% 기타(0명)
6	4.8% 드호므(1명)		
7	0.0% 기타(0명)		

전공자		비전공자	

40. Dordogne

	전공자		비전공자
1	9.5% 돌도뉴(2명)	1	20.0% 돌도뉴(4명)
2	4.8% 돌도녀(1명)	2	10.0% 도르도뉴(2명)
3	28.6% 도르도뉴(6명)	3	50.0% 드흐도뉴(10명)
4	4.8% 도르도녀(1명)	4	20.0% 도흐도녀(4명)
5	42.9% 도흐도뉴(9명)	5	0.0% 기타(0명)
6	4.8% 도흐도녀(1명)		
7	4.8% 기타_독도뉴(1명)		

41. genre

	전공자		비전공자
1	23.8% 쟝르(5명)	1	10.0% 쟝르(2명)
2	9.5% 장르(2명)	2	10.0% 장르(2명)
3	57.1% 쟝흐(12명)	3	65.0% 쟝흐(13명)
4	4.8% 장흐(1명)	4	0.0% 장흐(0명)
5	4.8% 기타_쟝허(1명)	5	15.0% 기타_라흐(3명)

42. gouache

	전공자		비전공자
1	57.1% 구아슈(12명)	1	30.0% 구아슈(6명)
2	38.1% 구아쉬(8명)	2	70.0% 구아쉬(14명)
3	4.8% 구아시(1명)	3	0.0% 기타(0명)
4	0.0% 기타(0명)		

전공자		비전공자	

43. l'œil

	전공자		비전공자
1	33.3% 뢰이(7명)	1	25.0% 뢰이(5명)
2	19.0% 뢰유(4명)	2	5.0% 뢰유(1명)
3	33.3% 러이(7명)	3	65.0% 러이(13명)
4	0.0% 러유(0명)	4	5.0% 기타_러유(1명)
5	14.3% 기타_러이유(3명)		

44. détaché

	전공자		비전공자
1	71.4% 데따셰(15명)	1	35.0% 데따셰(7명)
2	4.8% 데따세(1명)	2	30.0% 데따쉐(6명)
3	14.3% 데타셰(3명)	3	15.0% 데타셰(3명)
4	0.0% 데타세(0명)	4	20.0% 기타_디따쉬(4명)
5	4.8% 기타_데따쉐(1명)		
	4.8% 기타_데따쉬(1명)		

45. passage

	전공자		비전공자
1	81.0% 빠싸쥬(17명)	1	80.0% 빠싸쥬(16명)
2	9.5% 빠싸주(2명)	2	5.0% 빠싸주(1명)
3	0.0% 빠싸지(0명)	3	10.0% 파사쥬(2명)
4	4.8% 파사쥬(1명)	4	5.0% 기타_빠싸쉬(1명)
5	0.0% 파사주(0명)		
6	0.0% 파사지(0명)		
7	4.8% 기타_빠사쥐(1명)		

전공자		비전공자	

46. ancien

	전공자		비전공자
1	23.8% 앙씨앵(5명)	1	20.0% 앙씨앵(4명)
2	38.1% 앙씨엥(8명)	2	30.0% 앙씨엥(6명)
3	9.5% 앙시앵(2명)	3	5.0% 앙시앵(1명)
4	14.3% 앙시엥(3명)	4	10.0% 앙시엥(2명)
5	4.8% 기타_앙씨앙(1명)	5	5.0% 기타_아씨아(1명)
	9.5% 기타_엉씨앙(2명)		10.0% 기타_앙시앙(2명)
			5.0% 기타_앙씨아(1명)
			10.0% 기타_앙씨앙(2명)
			5.0% 기타_엉씨앙(1명)

47. montage

	전공자		비전공자
1	81.0% 몽따쥬(17명)	1	75.0% 몽따쥬(15명)
2	14.3% 몽따주(3명)	2	5.0% 몽따주(1명)
3	0.0% 몽따지(0명)	3	15.0% 몽타쥬(3명)
4	4.8% 몽타쥬(1명)	4	0.0% 몽타주(0명)
5	0.0% 몽타주(0명)	5	5.0% 기타_몽따쉬(1명)
6	0.0% 기타(0명)		

48. bavarois

	전공자		비전공자
1	4.8% 바바루아(1명)	1	5.0% 바바루아(1명)
2	19.0% 바바루와(4명)	2	15.0% 바바루와(3명)
3	28.6% 바바후아(6명)	3	30.0% 바바후아(6명)
4	47.6% 바바후와(10명)	4	45.0% 바바후와(9명)
5	0.0% 기타(0명)	5	5.0% 기타_바와과(1명)

	전공자		비전공자

49. Chopin

	전공자		비전공자
1	66.7% 쇼뺑(14명)	1	30.0% 쇼뺑(6명)
2	14.3% 쇼뼁(3명)	2	25.0% 쇼뼁(5명)
3	4.8% 소뺑(1명)	3	10.0% 쇼팽(2명)
4	0.0% 소뼁(0명)	4	10.0% 기타_쑈빠(2명)
5	9.5% 쇼팽(2명)		15.0% 기타_쇼빵(3명)
6	0.0% 쇼펭(0명)		5.0% 기타_쇼팡(1명)
7	0.0% 소팽(0명)		5.0% 기타_쑈빵(1명)
8	0.0% 소펭(0명)		
9	4.8% 기타_쇼빵(1명)		

50. début

	전공자		비전공자
1	76.2% 데뷔(16명)	1	35.0% 데뷔(7명)
2	0.0% 데부(0명)	2	65.0% 데뷰(13명)
3	23.8% 데뷰(5명)	3	0.0% 기타(0명)
4	0.0% 기타(0명)		

51. foie gras

	전공자		비전공자
1	14.3% 푸아그라(3명)	1	0.0% 푸아그라(0명)
2	14.3% 푸와그라(3명)	2	20.0% 푸와그라(4명)
3	0.0% 후아그라(0명)	3	0.0% 퐈그라(0명)
4	0.0% 후와그라(0명)	4	65.0% 푸와그하(13명)
5	19.0% 푸아그하(4명)	5	5.0% 기타_푸아카아(1명)
6	47.6% 푸와그하(10명)		5.0% 기타_푸아크하(1명)
7	4.8% 기타_프와그하(1명)		5.0% 기타_푸아그하(1명)

52. deux

	전공자		비전공자
1	19.0% 되(4명)	1	5.0% 되(1명)
2	14.3% 더(3명)	2	5.0% 더(1명)
3	61.9% 기타_두(13명)	3	90.0% 두(18명)
	4.8% 기타_듀(1명)	4	0.0% 기타(0명)

53. monsieur

	전공자		비전공자
1	61.9% 무슈(13명)	1	50.0% 무슈(10명)
2	9.5% 므씨외(2명)	2	25.0% 므씨외(5명)
3	4.8% 므씨어(1명)	3	10.0% 므씨어(2명)
4	4.8% 므시외(1명)	4	5.0% 기타_무쓔(1명)
5	0.0% 므시어(0명)		5.0% 기타_무씨으(1명)
6	9.5% 기타_므쓔(2명)		5.0% 기타_므쓔(1명)
	9.5% 기타_므씨유(2명)		

54. Verdun

	전공자		비전공자
1	14.3% 베르댕(3명)	1	0.0% 베르댕(0명)
2	14.3% 베르뎅(3명)	2	25.0% 베르뎅(5명)
3	38.1% 베르덩(8명)	3	10.0% 베르덩(2명)
4	0.0% 베르됭(0명)	4	0.0% 베르됭(0명)
5	4.8% 기타_배르댕(1명)	5	60.0% 베흐덩(12명)
	4.8% 기타_베흐당(1명)	6	5.0% 기타_베르당(1명)
	19.0% 기타_베흐덩(4명)		
	4.8% 기타_베흐뎅(1명)		

	전공자		비전공자

55. un

	전공자		비전공자
1	0.0% 앵(0명)	1	10.0% 앵(2명)
2	14.3% 엥(3명)	2	10.0% 엥(2명)
3	66.7% 엉(14명)	3	50.0% 엉(10명)
4	0% 윙(0명)	4	0.0% 윙(0명)
5	19.0% 기타_앙(4명)	5	5.0% 기타_아(1명)
			15.0% 기타_앙(3명)
			5.0% 기타_양(1명)
			5.0% 기타_어(1명)

56. buffet

	전공자		비전공자
1	76.2% 뷔페(16명)	1	80.0% 뷔페(16명)
2	4.8% 부페(1명)	2	15.0% 부페(3명)
3	9.5% 뷰페(2명)	3	5.0% 기타_뷰페(1명)
4	4.8% 뷔헤(1명)		
5	0.0% 부헤(0명)		
6	0.0% 뷰헤(0명)		
7	4.8% 기타_뷔뻬(1명)		

57. aiguille

	전공자		비전공자
1	42.9% 에귀이(9명)	1	45.0% 에귀이(9명)
2	38.1% 에귀유(8명)	2	15.0% 에귀유(3명)
3	9.5% 에기이(2명)	3	40.0% 에귀이으(8명)
4	0.0% 에기유(0명)	4	0.0% 기타(0명)
5	4.8% 기타_에귀이으(1명)		
	4.8% 기타_에뀌유(1명)		

전공자		비전공자	

58. Renault

	전공자		비전공자
1	33.3% 르노(7명)	1	5.0% 르노(1명)
2	0.0% 러노(0명)	2	95.0% 흐노(19명)
3	61.9% 흐노(13명)	3	0.0% 기타(0명)
4	4.8% 허노(1명)		
5	0.0% 기타(0명)		

59. jupon

	전공자		비전공자
1	81.0% 쥐뽕(17명)	1	50.0% 쥐뽕(10명)
2	4.8% 주뽕(1명)	2	20.0% 쥬뽕(4명)
3	9.5% 쥬뽕(2명)	3	25.0% 쥐퐁(5명)
4	4.8% 쥐퐁(1명)	4	5.0% 기타_쥬퐁(1명)
5	0.0% 주퐁(0명)		
6	0.0% 쥬퐁(0명)		
7	0.0% 즈봉(0명)		
8	0.0% 기타(0명)		

60. toi

	전공자		비전공자
1	28.6% 뚜아(6명)	1	30.0% 뚜아(6명)
2	42.9% 뚜와(9명)	2	60.0% 뚜와(12명)
3	9.5% 투아(2명)	3	5.0% 똬(1명)
4	19.0% 투와(4명)	4	5.0% 기타_투와(1명)
5	0.0% 기타(0명)		

	전공자	비전공자

61. fille

	전공자	비전공자
1	19.0% 피이(4명)	35.0% 피이(7명)
2	28.6% 피유(6명)	15.0% 피유(3명)
3	42.9% 피으(9명)	25.0% 피으(5명)
4	0.0% 히이(0명)	25.0% 피이으(5명)
5	0.0% 히유(0명)	0.0% 기타(0명)
6	0.0% 히으(0명)	
7	9.5% 기타_피이으(2명)	

62. nuit

	전공자	비전공자
1	71.4% 뉘(15명)	40.0% 뉘(8명)
2	28.6% 뉘이(6명)	60.0% 뉘이(12명)
3	0.0% 뉴(0명)	0.0% 기타(0명)
4	0.0% 기타(0명)	

63. Yonne

	전공자	비전공자
1	9.5% 욘(2명)	25.0% 욘(5명)
2	0.0% 이온(0명)	70.0% 욘느(14명)
3	90.5% 욘느(19명)	5.0% 기타_얀(1명)
4	0.0% 이온느(0명)	
5	0.0% 기타(0명)	

64. bouillon

	전공자	비전공자
1	4.8% 부용(1명)	20.0% 부용(4명)
2	85.7% 부이용(18명)	60.0% 부이용(12명)
3	9.5% 부이옹(2명)	20.0% 부이옹(4명)
4	0.0% 기타(0명)	0.0% 기타(0명)

65. feu

	전공자		비전공자
1	47.6% 푀(10명)	1	20.0% 푀(4명)
2	14.3% 퍼(3명)	2	15.0% 퍼(3명)
3	0.0% 회(0명)	3	65.0% 프(13명)
4	9.5% 허(2명)	4	0.0% 기타(0명)
5	4.8% 기타_뻐(1명)		
	4.8% 기타_쁘(1명)		
	14.3% 기타_프(3명)		
	4.8% 기타_'프'에 가까운 발음(1명)		

66. Marseille

	전공자		비전공자
1	14.3% 막쎄이(3명)	1	25.0% 막쎄이(5명)
2	14.3% 막세이(3명)	2	5.0% 마르쎄이(1명)
3	4.8% 마르쎄이(1명)	3	10.0% 마르쎄유(2명)
4	14.3% 마르쎄유(3명)	4	55.0% 마흐쎄이(11명)
5	14.3% 마흐쎄이(3명)	5	5.0% 마흐쎄유(1명)
6	23.8% 마흐쎄유(5명)	6	0.0% 마르세유(0명)
7	0.0% 마흐세이(0명)	7	0.0% 기타(0명)
8	0.0% 마흐세유(0명)		
9	0.0% 마르세이(0명)		
10	0.0% 마르세유(0명)		
11	4.8% 기타_마흐세이유(1명)		
	4.8% 기타_마흐쎄이유(1명)		
	4.8% 기타_마흐세이으(1명)		

음소별 재분류(30세 미만 세대)

1. [p]

초성[p]

	전공자	비전공자
1	89.7% ㅃ	87.5% ㅃ
2	10.3% ㅍ	12.5% ㅍ

종성[p]

	전공자	비전공자
1	38.1% ㅍ	40.0% ㅍ
2	19.0% ㅂ	20.0% ㅂ
3	33.3% 쁘	25.0% 쁘
4	9.5% 프	10.0% 프
5		5.0% ㅂ쁘

2. [b]

종성[b]

	전공자	비전공자
1	85.7% 브	92.5% 브
2	14.3% ㅂ	7.5% ㅂ

3. [t]

초성[t]

	전공자	비전공자
1	84.5% ㄸ	88.1% ㄸ
2	15.5% ㅌ	11.9% ㅌ

	전공자	비전공자

종성[t]

	전공자	비전공자
1	81.0% 뜨	60.0% 뜨
2	0.0% 트	0.0% 트
3	9.5% ㅌ	15.0% ㅌ
4	9.5% ㅅ	25.0% ㅅ

4. [d]

종성[d]

	전공자	비전공자
1	88.1% 드	85.0% 드
2	2.4% ㅅ	5.0% ㅅ
3	9.5% ㄷ	7.5% ㄷ
4		2.5% 더

5. [k]

초성[k]

	전공자	비전공자
1	90.5% ㄲ	91.3% ㄲ
2	9.5% ㅋ	6.3% ㅋ
3		1.3% ㅈ
4		1.3% ㄱ

종성[k]

	전공자	비전공자
1	33.3% ㄱ	25.0% ㄱ
2	4.8% ㄲ	0.0% ㄲ
3	4.8% ㅋ	0.0% ㅋ
4	42.9% 끄	35.0% 끄
5	14.3% 크	35.0% 크
6		2.5% 키
7		2.5% 큐

전공자	비전공자

6. [g]

종성[g]

	전공자		비전공자
1	11.9% ㄱ	1	10.0% ㄱ
2	88.1% 그	2	87.5% 그
		3	2.5% 기

7. [f]

초성[f]

	전공자		비전공자
1	95.2% ㅍ	1	98.8% ㅍ
2	2.4% ㅎ	2	0.0% ㅎ
3	2.4% ㅃ	3	1.3% ㅃ

8. [v]

종성[v]

	전공자		비전공자
1	11.9% ㅂ	1	100.0% 브
2	88.1% 브		

9. [s]

초성[s]

	전공자		비전공자
1	72.6% ㅆ	1	80.4% ㅆ
2	27.4% ㅅ	2	19.6% ㅅ

전공자	비전공자

10. [m]

종성[m]

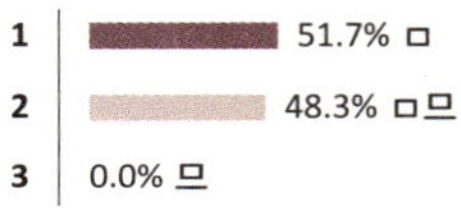

11. [n]

종성[n]

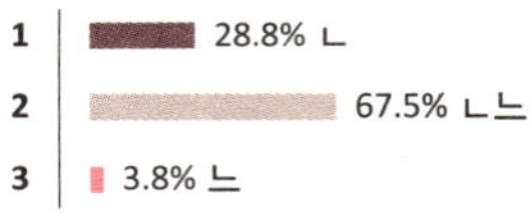

12. [R]

초성[R]

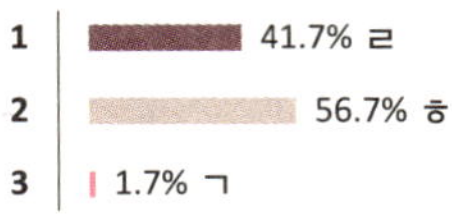

종성[R]

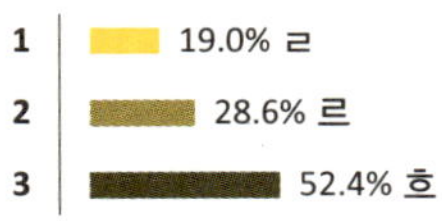

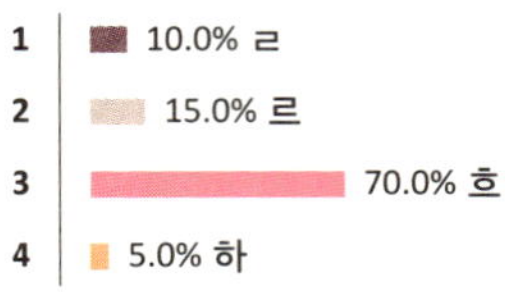

	전공자	비전공자

자음 앞[R]

	전공자	비전공자
1	19.0% ㄱ	11.3% ㄱ
2	21.4% 르	12.5% 르
3	52.4% 흐	71.3% 흐
4	7.1% ㄹ	5.0% ㄹ

자음 뒤[R]

	전공자	비전공자
1	23.8% ㄹ	17.5% ㄹ
2	76.2% ㅎ	82.5% ㅎ

13. [ʃ]

초성[ʃ]

	전공자	비전공자
1	4.8% ㅅ	0.0% ㅅ
2	92.9% ㅅ+j	65.2% ㅅ+j
3	2.4% 쉬	21.7% 쉬
4		13.0% ㅆ

종성[ʃ]

	전공자	비전공자
1	76.2% 슈	50.0% 슈
2	21.4% 쉬	50.0% 쉬
3	2.4% 시	

전공자 비전공자

14. [ʒ]

초성[ʒ]

종성[ʒ]

15. [ɲ]

초성[ɲ]

종성[ɲ]

전공자	비전공자

16. [l]

어중[l]

	전공자	비전공자
1	12.7% ㄹ	13.3% ㄹ
2	87.3% ㄹㄹ	85.0% ㄹㄹ
3		1.7% ㅎ

종성[l]

	전공자	비전공자
1	9.5% ㄹ	40.0% ㄹ
2	90.5% ㄹ르	60.0% ㄹ르
3	0.0% 르	0.0% 르

17. [e]

	전공자	비전공자
1	71.4% 에	85.0% 에
2	28.6% 애	5.0% 애
3		10.0% 이

18. [y]

	전공자	비전공자
1	82.5% 위	63.3% 위
2	14.3% 유	31.7% 유
3	3.2% 우	5.0% 우

	전공자	비전공자

19. [ø]

	전공자	비전공자
1	27.0% 외	16.7% 외
2	14.3% 어	10.0% 어
3	20.6% 우	50.0% 우
4	28.6% 유	0.0% 유
5	9.5% 으	23.3% 으

20. [ə]

	전공자	비전공자
1	95.2% 으	100.0% 으
2	4.8% 어	0.0% 어

21. [œ]

	전공자	비전공자
1	52.4% 외	30.0% 외
2	47.6% 어	70.0% 어

22. [ɛ̃]

	전공자	비전공자
1	39.7% 엥	21.7% 엥
2	50.8% 앵	48.3% 앵
3	6.3% 앙	21.7% 앙
4	3.2% 엉	8.3% 아

23. [œ̃]

	전공자	비전공자
1	16.7% 엥	17.5% 엥
2	9.5% 앵	5.0% 앵
3	0.0% 욍	0.0% 욍
4	61.9% 엉	60.0% 엉
5	11.9% 앙	12.5% 앙
6		2.5% 아
7		2.5% 어

24. [j]

종성[j]

	전공자	비전공자
1	48.6% 이	56.0% 이
2	33.3% 유	12.0% 유
3	8.6% 으	5.0% 으
4	5.7% 이유	6.0% 이유
5	3.8% 이으	21.0% 이으

[jɔ]

	전공자	비전공자
1	52.4% 요	57.5% 요
2	4.8% 이오	10.0% 이오
3	42.9% 이요	30.0% 이요
4		2.5% 야

	전공자	비전공자

25. [ɥ]

	전공자	비전공자
1	59.5% 위+모음	80.0% 위+모음
2	4.8% 이+모음	0.0% 이+모음
3	35.7% 위	20.0% 위

26. [w]

[wa]

	전공자	비전공자
1	63.5% 우와	70.0% 우와
2	34.9% 우아	26.7% 우아
3	0.0% 와	3.3% 와
4	1.6% 으와	0.0% 으와

설문 3

프랑스어 한글 음표기 대응관계 직관 조사 설문지

다음은 불한 발음표기 대응표 구축을 위해 각 응답자 개인의 발음 대응에 관한 직관을 알아보는 조사입니다. 아래 각 프랑스어 발음에 대해 가장 적합하다고 생각하는 한글 표기를 클릭하세요. 한글 표기를 하나만 제시해 놓은 경우는 이견이 없다는 뜻입니다만 혹 다른 의견이 있으면 그 내용을 맨 아래 비고란에 입력해 주시기 바랍니다.

불어 발음	한글 표기	불어 발음	한글 표기
[p]	①ㅃ ②ㅍ	[i]	이
[b]	①ㅂ ②ㅃ	[e]	①에 ②애
[t]	①ㄸ ②ㅌ	[ɛ]	①에 ②애
[d]	①ㄷ ②ㄸ	[a][ɑ]	아
[k]	①ㄲ ②ㅋ	[u]	①우 ②유
[g]	①ㄱ ②ㄲ	[o][ɔ]	오
[f]	①ㅍ ②ㅎ	[y]	①위 ②유 ③우
[v]	①ㅂ ②ㅃ	[ø]	①외 ②으 ③어

불어 발음	한글 표기
[s]	①ㅆ ②ㅅ
[z]	ㅈ
초성[m]	ㅁ
종성[m]	①ㅁ ②ㅁ므
초성[n]	ㄴ
종성[n]	①ㄴ ② ㄴ느
[ʀ]	①ㄹ ②ㅎ
초성[ʃ]	①ㅅ ②ㅅ+j
종성[ʃ]	①슈 ②쉬 ③시
초성[ʒ]	①ㅈ ②ㅈ+j
종성[ʒ]	①쥬 ②주 ③지
초성[ɲ]	①ㄴ ②ㄴ+j
종성[ɲ]	①뉴 ②녀
초성[l]	ㄹ
어중[l]	①ㄹ ②ㄹㄹ

불어 발음	한글 표기
[ə]	①으 ②어
[œ]	①외 ②으 ③어
[ɛ̃]	①앵 ②엥
[œ̃]	①엥 ②앵 ③욍 ④엉
[ɔ̃]	옹
[ɑ̃]	①앙 ②엉
[j]	이+모음
종성[j]	①이 ②유
[ɥ]	위+모음
[w]	우+모음
비고	

대응관계 직관 조사 결과(30세 미만 세대)

1. [p]

	전공자	비전공자
1	95.2% ㅃ(20명)	70.0% ㅃ(14명)
2	4.8% ㅍ(1명)	30.0% ㅍ(6명)

2. [b]

	전공자	비전공자
1	100.0% ㅂ(21명)	90.0% ㅂ(18명)
2	0.0% ㅃ(0명)	10.0% ㅃ(2명)

3. [t]

	전공자	비전공자
1	95.2% ㄸ(20명)	85.0% ㄸ(17명)
2	4.8% ㅌ(1명)	15.0% ㅌ(3명)

4. [d]

	전공자	비전공자
1	100.0% ㄷ(21명)	85.0% ㄷ(17명)
2	0.0% ㄸ(0명)	15.0% ㄸ(3명)

5. [k]

	전공자	비전공자
1	90.5% ㄲ(19명)	80.0% ㄲ(16명)
2	9.5% ㅋ(2명)	20.0% ㅋ(4명)

6. [g]

	전공자	비전공자
1	100.0% ㄱ(21명)	90.0% ㄱ(18명)
2	0.0% ㄲ(0명)	10.0% ㄲ(2명)

7. [f]

	전공자	비전공자
1	95.2% ㅍ(20명)	90.0% ㅍ(18명)
2	4.8% ㅎ(1명)	10.0% ㅎ(2명)

8. [v]

	전공자	비전공자
1	100.0% ㅂ(21명)	95.0% ㅂ(19명)
2	0.0% ㅃ(0명)	5.0% ㅃ(1명)

9. [s]

	전공자	비전공자
1	52.4% ㅆ(11명)	70.0% ㅆ(14명)
2	47.6% ㅅ(10명)	30.0% ㅅ(6명)

10. 종성[m]

	전공자	비전공자
1	0.0% ㅁ(0명)	30.0% ㅁ(6명)
2	100.0% ㅁ므(21명)	70.0% ㅁ므(14명)

	전공자	비전공자

11. 종성[n]

	전공자	비전공자
1	0.0% ㄴ(0명)	25.0% ㄴ(5명)
2	100.0% ㄴ느(21명)	75.0% ㄴ느(15명)

12. [R]

	전공자	비전공자
1	19.0% ㄹ(4명)	40.0% ㄹ(8명)
2	81.0% ㅎ(17명)	60.0% ㅎ(12명)

13. 초성[ʃ]

	전공자	비전공자
1	23.8% ㅅ(5명)	40.0% ㅅ(8명)
2	76.2% ㅅ+j(16명)	60.0% ㅅ+j(12명)

14. 종성[ʃ]

	전공자	비전공자
1	57.1% 슈(12명)	40.0% 슈(8명)
2	42.9% 쉬(9명)	55.0% 쉬(11명)
3	0.0% 시(0명)	5.0% 시(1명)

15. 초성[ʒ]

	전공자	비전공자
1	19.0% ㅈ(4명)	40.0% ㅈ(8명)
2	81.0% ㅈ+j(17명)	60.0% ㅈ+j(12명)

전공자	비전공자

16. 종성[ʒ]

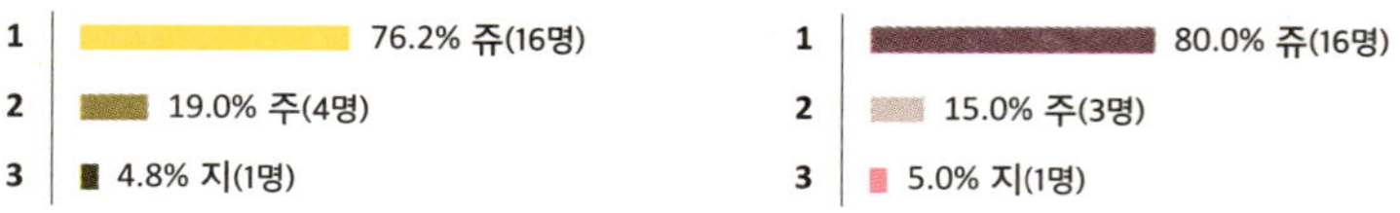

17. 초성[ɲ]

18. 종성[ɲ]

19. 어중[l]

20. [e]

	전공자	비전공자

21. [ɛ]

	전공자	비전공자
1	23.8% 에(5명)	60.0% 에(12명)
2	76.2% 애(16명)	40.0% 애(8명)

22. [u]

	전공자	비전공자
1	81.0% 우(17명)	65.0% 우(13명)
2	19.0% 유(4명)	35.0% 유(7명)

23. [y]

	전공자	비전공자
1	90.5% 위(19명)	75.0% 위(15명)
2	4.8% 유(1명)	25.0% 유(5명)
3	4.8% 우(1명)	0.0% 우(0명)

24. [ø]

	전공자	비전공자
1	38.1% 외(8명)	65.0% 외(13명)
2	33.3% 으(7명)	10.0% 으(2명)
3	28.6% 어(6명)	25.0% 어(5명)

25. [ə]

	전공자	비전공자
1	38.1% 으(8명)	60.0% 으(12명)
2	61.9% 어(13명)	40.0% 어(8명)

	전공자	비전공자

26. [œ]

	전공자	비전공자
1	71.4% 외(15명)	50.0% 외(10명)
2	9.5% 으(2명)	50.0% 으(10명)
3	19.0% 어(4명)	0.0% 어(0명)

27. [ɛ̃]

	전공자	비전공자
1	61.9% 앵(13명)	15.0% 앵(3명)
2	38.1% 엥(8명)	85.0% 엥(17명)

28. [œ̃]

	전공자	비전공자
1	33.3% 엥(7명)	40.0% 엥(8명)
2	19.0% 앵(4명)	25.0% 앵(5명)
3	33.3% 욍(7명)	25.0% 욍(5명)
4	14.3% 엉(3명)	10.0% 엉(2명)

29. [ɑ̃]

	전공자	비전공자
1	95.2% 앙(20명)	45.0% 앙(9명)
2	4.8% 엉(1명)	55.0% 엉(11명)

30. 종성[j]

	전공자	비전공자
1	47.6% 이(10명)	100% 이(20명)
2	52.4% 유(11명)	0.0% 유(0명)

설문 4

프랑스어 한글 표기 시안 타당성 조사 설문지

다음은 본 연구에서 구축된 프랑스어 한글 표기 시안을 토대로 65개의 프랑스 어휘에 대한 한글 표기의 원어 복원율을 알아보는 조사입니다. 아래 각 프랑스 어휘 한글 표기에 대해 가장 적합하다고 생각하는 프랑스 어휘를 써 넣으세요.

번호	한글 표기	프랑스 어휘
1	빠리	
2	앙트레	
3	윅 까뻬	
4	쥬네브	
5	엘레지	
6	알꼬브	
7	프로방쓰	
8	베르쏘	
9	파이	
10	에띠껠	
11	쎄냥	
12	프로비당쓰	
13	옵제	
14	잎	
15	발랃	
16	메독	
17	롭	

번호	한글 표기	프랑스 어휘
18	쎈	
19	꽁뜨	
20	오받	
21	이데올록	
22	미스트랄	
23	발작	
24	아뜰리에	
25	파이앙쓰	
26	크레용	
27	발	
28	레쓰또랑	
29	님	
30	디죵	
31	앵바르	
32	슈미즈	
33	빠반	
34	노르망디	
35	쏨	
36	마르끼즈	
37	깐	
38	몽떼뉴	
39	드롬	
40	도르도뉴	
41	쟝르	
42	구아슈	
43	뢰이	
44	빠싸쥬	
45	앙씨앵	
46	몽따쥬	
47	바바루아	
48	쇼뺑	

번호	한글 표기	프랑스 어휘
49	데뷔	
50	푸아그라	
51	되	
52	므씨외	
53	베르댕	
54	앵	
55	뷔페	
56	에귀이	
57	르노	
58	쥐뽕	
59	뚜아	
60	피이	
61	뉘이	
62	욘	
63	부용	
64	푀	
65	마르쎄이	

프랑스어 한글 표기 시안 타당성 조사결과

복원율

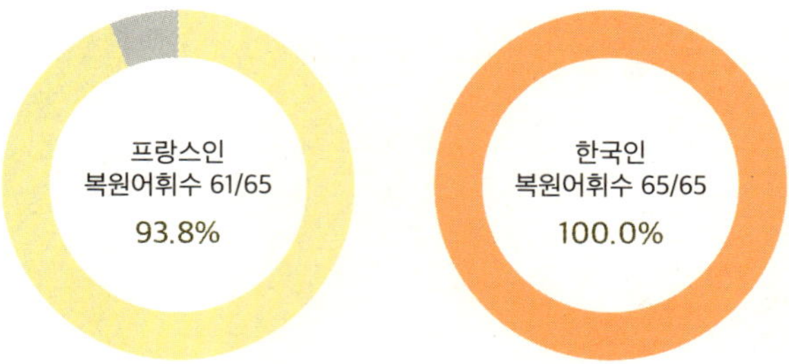

참고문헌

국립국어연구원(1995), 『기본 외래어 용례집』

____________(2002), 『표준국어대사전 연구분석』

국립국어원(2010), 『숫자로 살펴보는 우리말』

_________(2014), 『국가명 한글 표기 기준안』

_________(2014), 『외래어 표기법 해설』

김민수(1973), 『국어 정책론』, 고려대 출판부

남지순(2005), 「표기 중의성 외래어의 자동 처리를 위한 외래명사 전자사전의 구축」, 『언어학』 제41호

문화관광부(1999), 『프랑스어 자동전사 프로그램』

박창원(2004), 「외래어 표기 양상의 변천」, 『새국어생활』 제4권 제2호

배양서(1980), 『한국 외래어 사전』, 서울, 탑 출판사

신용석(1980), 「프랑스계 외래어 문제」, 『말과 글』 10

신지영 외(2003), 『우리말 소리의 체계』, 한국문화사

유만근(1996), 「외국어를 귀화시켜 국어다운 국어로! -현지원음식/음소대응식은 언어학적 몰상식-」, 『새국어생활』 제6권 제4호

이명호(2002), 「프랑스어의 'r'와 국어의 'ㄹ'에 대한 고찰-음성학적 및 음운론적-」, 『인문학연구』, 제19집

이미혜(1992), 『한국의 불문학 수용사』, 서울대 박사학위 논문

이상규(2009), 「생태적 관점에서의 국어 정책의 현안과 과제」, 『한국사전학』 제13호

_____(2011), 「국어기본법에 근거한 외래어 표기법의 문제」, 『국어국문학』 제158호

_____(2014), 『한글공동체』, 박문사

이상율(2003), 「어원정보를 이용한 외래어의 원어자동복원」, 『한국정보과학회 학술발표집』

이은영 외(2007), 『로마자 표기에 대한 외국인 발음 분석』, 국립국어원

________(2010), 「불한번역에서 프랑스어 발음의 한글표기 불일치와 대응방안」, 『한국프랑스학논집』 제72집

임동훈(1996), 「외래어 표기법의 원리와 실제」, 『새국어생활』 제6권 제4호
장한업(2001), 「프랑스 자음 [ʀ]의 발음과 표기 문제」, 『불어불문학연구』 제46집
______(2002), 「불어의 한글 표기상 문제점과 개선안」, 『프랑스어문교육』 제13집
전상훈(1998), 「한글 및 한국어 정보 처리 코드(한국어 정보처리의 과제)」, 『마이크로소프트웨어』 11월호
정희원(2004), 「외래어의 개념과 범위」, 『새국어생활』 제14권 제2호
차재은(2007), 「외래어 표준발음에 대한 고찰」, 『한국어학』 제35권
최경봉(2012), 『한글민주주의』, 책과 함께
Angoujard, Jean-Pierre(1997), 『Théorie de la Syllabe』, CNRS Editions
Martinet A. & Walter, H.(1973), 『Dictionnaire de la prononciation française dans son usage réel』, France Expansion
Wioland françois(2005), 『La vie sociale des sons du français』, Paris, L'Hamattan

참조 인터넷 사이트

http://www.korean.go.kr/ 국립국어원
http://stdweb2.korean.go.kr/ 국립국어원 표준국어대사전
http://www.gyeoremal.or.kr/ 겨레말큰사전 남북공동편찬사업회
http://academie-francaise.fr/ 아카데미프랑세즈